Cubanos combatiendo el castrocomunismo en África

Pedro Corzo

Con la colaboración de
Wenceslao Cruz, José Luis Fernández
y Amado Rodríguez

Primera edición, 2014

Autor: Pedro Corzo,
con la colaboración de Wenceslao Cruz
José Luis Fernández y Amado Rodríguez

Impreso en Rodes Printing
Miami

ISBN: 978-1507709986

Dedicado a la memoria de todos los cubanos
que entregaron su vida en África luchando contra
el comunismo y al historiador Enrique Ross,
el primer cubano que investigó y dio a conocer el sacrificio
de sus compatriotas en el continente negro.

A la memoria de los pilotos cubanos
que perdieron la vida luchando contra el castro comunismo
en la República de El Congo.
Capitán. Mario Ginebra
Capitán. Fausto Gómez
Capitán. Arturo Pique
Capitán. Juan G. Tuñón

Pilotos de Estados Unidos que murieron
en la República del Congo o perecieron como consecuencia
de heridas o traumas sufridos en la lucha
contra el comunismo en ese país.
A.O. John Mariman
A.O Big Bill Wyrosensky

Índice

Prólogo

Después de haber leído libros, escuchado muchas charlas y análisis sobre los cubanos del exilio que combatieron el castro comunismo en la República del Congo, encontré en este libro una serie de informaciones que no había tenido la oportunidad de conocer en el pasado.

Los testimonios de las personas entrevistadas son fundamentales para tener una visión panorámica de un proceso muy complejo que involucró a muchos países, entre ellos a Cuba, y en particular a las grandes potencias.

Nuestra participación en la lucha contra el castro comunismo en el Congo, demuestra que nuestro compromiso de enfrentar un enemigo que promete un mundo maravilloso y que después convierte a sus seguidores y a los que sojuzga en esclavos, no ha terminado, porque en realidad el comunismo es el enemigo de los pueblos.

Todos los que de una forma u otra hemos enfrentado el totalitarismo comunista hemos apreciado el daño que le ha hecho esa fórmula política a nuestra patria, Cuba.

Todos los relatos expuestos en este libro son verdaderos. Experiencias que espero sirvan a los lectores para entender el sacrificio y entrega de aquellos que se comprometen a luchar por la libertad.

Los comunistas no cesan en su empeño de implantar el sistema que defienden.

En ocasiones, los hombres y mujeres que nos consideramos libres nos dormimos en los laureles pensando que con los votos y leyes vamos a mantener el sistema, pero ellos cometen fraudes y trampas de todo tipo para burlarse de la democracia y tomar el control de los países.

Mi experiencia personal en Cuba fue que después que los castristas, los barbudos, como algunos les decían, se apoderaron del poder sin reconocer que eran comunistas, fui amenazado de ser ametrallado en mi centro de trabajo por el simple hecho de no involucrarme en sus discusiones y propuestas, por el hecho de no sumarme a sus payasadas amenazaban con matarme.

Esa experiencia y otras, determinaron que abriera los ojos a la realidad. Aún sin saber lo que había llegado a Cuba, sentía que me faltaba algo, estaba confundido y empecé a percibir lo que sería un régimen comunista para mi Patria y a partir de ese momento me comprometí a hacer todo lo posible para destruir el comunismo que se estaba imponiendo en el país.

Los testimonios recogidos en este libro de Pedro Corzo, son reales, verídicos y doy fe de los mismos porque estuve en el Congo combatiendo el castro comunismo y compartí con los que ofrecieron en entrevistas sus testimonios para este libro que recoge la dedicación y compromiso con la libertad de los cubanos.

Los sucesos aquí descritos ocurrieron en condiciones muy críticas, pero también de una manera singular, porque especialistas de diferentes cuerpos armados integraron un pequeño ejército de cubanos que a miles de kilómetros de las costas del país en el que nacieron, fueron a combatir por la libertad.

Es interesante apreciar que cuando estos cubanos libres fueron a combatir a el Congo cubanos castro comunistas estaban tratando de imponer en el país africano un modelo igual al de la isla, directa o indirectamente, cubanos libres y cubanos defensores de la esclavitud se enfrentaron lejos de la patria común.

La operación en El Congo fue un éxito porque neutralizó a los gobiernos comunistas, entre ellos al de Cuba, que querían imponer sus modelos políticos.

Los cubanos que peleamos allí nos sentimos muy orgullosos de haber combatido el comunismo en África y rendimos siempre tributo a la memoria de nuestros compañeros que entregaron en el Congo su vida en la lucha por la libertad.

Roberto Pichardo.

Capítulo 1

La proyección imperial de la Revolución y su Caudillo. Para algunos individuos disfrutar el Poder es la meta de sus vidas, en consecuencia disponer a voluntad de las realidades y sueños del prójimo es su mayor realización y para lograrlo son capaces de producir acontecimientos superiores a sus posibilidades, pero aún más, acceder al Poder Total, el tener la capacidad de imponer sus caprichos y proyectos, es para ellos, una fiesta de instintos y talentos.

Sin embargo no siempre los que aspiran y conquistan el poder de forma absoluta tienen una visión hegemónica, como sucedió con Fidel Castro porque en éste individuo cohabitó junto a su concepto de controlar por completo los poderes de un estado, una vocación imperialista de similar intensidad a la que caracterizó a Adolfo Hitler durante su proclamado y fracasado Tercer Reich de los Mil Años, Alemania, o la de cualquier Faraón del antiguo Egipto.

Sus realizaciones imperialistas fueron consecuencias lógicas de su personalidad y acción política, las que encontraron abrigo teórico en el marxismo soviético, pero que sin dificultad alguna hubieran podido supeditarse a un nazismo victorioso, o a un fundamentalismo religioso, si las circunstancias históricas lo hubieren hecho posible.

Por la forma en las que Castro manejó y la manera que dispensó a sus partidarios y enemigos favores y castigos, permite imaginar que siempre se consideró un Elegido, una especie de Mesías que en su providencialismo, no solo era capaz de predicar una indiscutible verdad, sino que también se consideraba apto para realizarla.

Como ha ocurrido a través de la historia con todos los "Elegidos", los métodos a utilizar para lograr los fines no tenían importancia o trascendencia, la clave era llegar y mantenerse sin importar el costo de unos u otros.

Lo importante para este individuo y los que le siguieron ciegamente era la meta, el fin justificaba cualquier medio.

Al triunfar la insurrección se alió al Partido Socialista Popular a la vez que el rol de otras organizaciones que habían participado en el proceso insurreccional, incluido la misma entidad que había comandado se extinguía.

La desaparición del Segundo Frente Nacional del Escambray, Directorio Revolucionario, Organización Auténtica y la Triple A[1], dio paso a la constitución de las Organizaciones Revolucionarias Integradas, ORI, que rápidamente evolucionaron al Partido Unido de la Revolución Socialista, que sería en su momento la base del futuro Partido Comunista de Cuba.

No obstante, aunque nunca con la misma crueldad con la que trató a muchos de sus compañeros de armas del proceso insurreccional contra el gobierno de Fulgencio Batista[2], muchos dirigentes del antiguo Partido Socialista Popular a pesar de su incondicionalidad terminaron sus vidas en total oscuridad política, en la prisión o en el exilio.

Si nos asomamos aunque sea superficialmente a la hegemonía castrista se puede apreciar que en el mismo año 1959, el del triunfo revolucionario y cuando todavía no disfrutaba del control total de la sociedad cubana, Fidel, en aquella época no tenía apellidos ni para sus enemigos, entrenó, avitualló e hizo desembarcar contingentes militares en Haití, República Dominicana, Nicaragua y Panamá.

Este último país tenía un gobierno electo democráticamente, por lo que la incursión no derivaba del compromiso proclamado por la Revolución de luchar contra las dictaduras, la invasión a

---

1. Organizaciones insurreccionales que enfrentaron el régimen de Fulgencio Batista.
2. Militar cubano, propició un golpe militar el 10 de marzo de 1952. Fue derrocado siete años más tarde por un movimiento insurreccional de carácter nacional cuya fuerza más relevante fue el Movimiento 26 de Julio que dirigía Fidel Castro.

Panamá fue la primera expresión armada del régimen de Castro contra los intereses de Estados Unidos.

Puerto Rico fue otra tentación para la hegemonía castrista.

El apoyo a los independentistas puertorriqueños en Naciones Unidas y en otros foros internacionales se hizo profesión de fe, pero junto a esta gestión se sumó el apoyo a las organizaciones más radicales que ya existían en la isla caribeña a la vez que desde La Habana impulsaba la fundación de otros grupos insurreccionales que recurrían a la violencia extrema tanto en Puerto Rico como en Estados Unidos.

Cuba fue el campo de entrenamiento para los terroristas "Macheteros" y para cualquier otro grupo violento radicado en la isla de Borinquén.

El gobierno de la isla aportó la logística necesaria para las actividades de estas facciones que eran realizadas en el propio territorio de Estados Unidos dónde cometieron numerosos delitos, incluyendo asaltos a mano armada, colocación de artefactos explosivos y atentados, a la vez que respaldaba a los grupos subversivos que al interior de Estados Unidos realizaban actos violentos contra el gobierno federal.

Facciones desestabilizadoras que buscaban el reconocimiento de sus derechos civiles por medio de la violencia contaron con pleno respaldo del gobierno de Cuba.

En la isla se entrenaron y se enviaban cargamentos de armas y explosivos y cuando lo requerían las circunstancias se refugiaban en el santuario de los hermanos Castro.

En la actualidad hay decenas de estadounidenses fugitivos de la justicia de su país que viven en la isla y cuentan con la protección del gobierno de La Habana.

Hay que tener presente que donde primero se manifestó el imperialismo castrista fue en el área en la que geo-políticamente Cuba podía ejercer mayor influencia, el Caribe y Centro América.

Sin embargo, según se radicalizaba el Fidelo-Castrismo y aumentaba su control sobre la sociedad cubana, el régimen abandonó su área natural de influencia e incursionó en todos y cada uno de los países de América. La campaña de desestabilización patrocinada por el régimen cubano contra los gobiernos de América Latina y la intromisión en los conflictos sociales que tenían lugar en Estados Unidos, determinó que la confrontación entre La Habana y Washington evolucionara de diferencias políticas-económicas, por la política doméstica de Castro, a un diferendo ideológico que rápidamente se enmarcó en el contexto de la Guerra Fría.

Herminio Portel Vila[3] en su obra "La Nueva Historia de la República de Cuba" destacó que el premier soviético, Nikita Jruschov, envió a Fidel Castro el 9 de Julio de 1960, un documento en el que le prometía al dictador cubano el apoyo de las fuerzas armadas soviéticas en caso de una agresión estadounidense.

En poco tiempo el gobierno cubano se convirtió en un gran receptor de armas y pertrechos bélicos de todo tipo, suministrado por la extinta Unión Soviética.

Funcionarios y militares cubanos viajaron a la URSS y sus países satélites para recibir preparación en diferentes disciplinas. El bloque soviético se convirtió en escuela y taller de espías, agentes represores, militares y funcionarios de la administración pública de Cuba.

El Kremlin, que desde los primeros meses de la Revolución envió a Cuba decenas de agentes de origen español, remitió a la isla contingentes de instructores rusos en diferentes armas y de técnicos soviéticos en numerosas disciplinas.

En pocos meses los puertos cubanos recibieron decenas de buques procedentes del bloque comunista y ciudadanos de esos países se movían por todo el país, en particular en las esferas oficiales, con plena libertad y autoridad.

Pero esta preparación, en particular la militar y de inteligencia, los recién entrenado agentes cubanos se la trasmitían a todos los individuos que en el continente estaban dispuestos a convertirse en vectores de la Revolución Cubana.

Por supuesto que la colaboración no se limitaba al traspaso de

---

3. Notable historiador cubano.1901-1992

12

conocimiento porque las armas que formaban parte del arsenal del ejército de la República de Cuba eran entregadas a los subversivos del continente, y sustituidas por las que llegaban de Europa del este. América se convulsionó bajo la bandera de la Revolución Cubana, Venezuela, Colombia, Perú, Argentina, Uruguay, Bolivia, etc., fueron escenarios de luchas guerrilleras, secuestros, asesinatos y actos de terrorismo de toda clase.

Paradójicamente, esta asistencia fue reconocida por el propio Fidel Castro en junio de 1998, sin que provocara las acostumbradas reacciones nacionalista y de rechazo que habitualmente profieren los líderes políticos del hemisferio cuando un político extranjero habla críticamente de sus países o sugiere alguna forma de ayuda que muchos rápidamente califican de intervencionismo.

Según se fue consolidando el régimen en el plano interno, Castro, incursionaba más en la política mundial, haciéndolo con extrema habilidad porque a pesar de que era un fiel servidor de la Unión soviética, supo establecer mandos tácticos que le permitieron hacerse de una propia clientela política.

La Habana, por su condición de aliada del Kremlin y atendiendo al escudo atómico que éste le ofrecía, decidió asumir un papel activo en la disputa este-oeste facilitando el territorio insular para la construcción de bases con capacidad de ataque nuclear contra los Estados Unidos generándose una crisis que elevó a Fidel Castro a instancias públicas, solo reservadas a los máximos dirigentes de las grandes potencias.

El gobierno de Cuba fue protagonista de la conocida "Crisis de los Misiles"[4], que puso al mundo al borde de una catástrofe

---

4. La Crisis de los misiles o Crisis del Caribe tuvo lugar en octubre de 1962 cuando Estados Unidos descubrió por medio de inspección aérea que en Cuba se habían creado bases militares con capacidad para disparar cohetes portadores de ojivas nucleares. Los cohetes y ojivas nucleares fueron retirados contrariando la voluntad del dictador cubano. Al respecto escribió Ernesto Guevara " Es el ejemplo escalofriante de un pueblo que está dispuesto a inmolarse atómicamente para que sus cenizas sirvan de cimiento a sociedades nuevas y que cuando se hace, sin consultarlo, un pacto por el cual se retiran los cohetes atómicos, no suspira de alivio, no da gracias por la tregua; salta a la palestra para dar su voz propia y única, su posición combatiente, propia y única, y más lejos, su decisión de lucha aunque fuera solo".

mundial porque La Habana aceptó que instalaran en su territorio bases con cohetes con capacidad de transportar ojivas nucleares al territorio continental de Estados Unidos.

La crisis se resolvió contrario a los intereses del faraón insular. Washington y Moscú se convencieron del peligro que estaban enfrentando, mientras Fidel Castro se oponía a toda solución exigiendo a la URSS que dejara los misiles nucleares en la isla y en caso necesario los usara contra Estados Unidos lo que desencadenaría una debacle nuclear.

Por suerte el reclamo de Castro fue ignorado por el Kremlin dejando a quien había sido hasta ese momento el lacayo más fiel de Moscú en el ridículo.

Fue en los años sesenta que el Nuevo Orden parió las OLAS[5], la Tricontinental y la OSSPAAAL, laboratorios de la subversión ideológica y guerrillera.

En esos tiempos también surgió y cobró fuerza la llamada Teología de la Liberación y La Habana se convirtió en el santuario del sentir revolucionario y el Faraón, Castro, cumplía a cabalidad su rol de Profeta y Espada de la Revolución Mundial.

En 1966 se enfriaron las relaciones entre Cuba y la República Popular China y el proyecto expansionista regentado por Fidel Castro se hizo más dependiente de quien corría con todos los gastos, la Unión Soviética.

Sin embargo, y es esta una de las singularidades del castrismo, el dictador cubano al establecer relaciones de igualdad con líderes tercermundistas del calibre de Gamal Abdel Nasser, Egipto, Jawarla Nehru, India, José Broz (Tito), Yugoslavia y Sukarno, Indonesia, tuvo la habilidad de presentarse ante el mundo como un líder independiente de las grandes potencias, una realidad que no se correspondía con sus compromisos con la Unión Soviética.

En este momento su juventud, adornada con la falsa epopeya

---

5. Organizaciones subversivas que tenían su cuartel general en La Habana. Algunas estaban orientadas a desestabilizar los gobiernos de América Latina y acceder al poder por medio de la fuerza y otras tenían misiones similares en otros continentes.

de la gesta guerrillera, su posición anti-estadounidense, más que nacionalista, coincidía con la decadencia política y física de los cuatro líderes antes mencionados.

Los hombres que habían constituido la base del Movimiento de los No Alineados[6] a mediados de la década del cincuenta, estaban perdiendo el control que supo asumir con toda autoridad y habilidad el dirigente cubano.

Esta subordinación de Cuba a Moscú se patentizó aún más con el apoyo de Castro a la doctrina de la Soberanía Limitada que patrocinó el secretario general del Partido Comunista de la URSS y entonces máximo jerarca del comunismo mundial, Leonid Brehsnev que se ejemplificó cuando los ejércitos del Pacto de Varsovia[7] invadieron la República de Checoslovaquia en 1968[8].

La política totalmente contraria a Estados Unidos del régimen cubano fue como una especie de velo para que la opinión pública internacional y en particular para los dirigentes tercermundistas, no quisieran reconocer que el más conspicuo líder de la política de la No Intervención, estaba apoyando la invasión de un país en teoría soberano.

---

6. El Movimiento de Países No Alineados es una agrupación de estados formada durante la denominada Guerra Fría mitad del siglo XX. La finalidad del MPNA era conservar una posición neutral no aliarse a ninguna de las dos superpotencias de la época, Estados Unidos y la Unión Soviética, en realidad esa neutralidad nunca existió y supeditándose por completo a la URSS en los periodos que Cuba dirigió la entidad internacional.
7. Acuerdo militar que reunió a todos los países comunistas del este de Europa, a excepción de Yugoslavia.1955-1991.
8. En 1968 el reformista Alexander Dubcek fue designado líder del Partido Comunista de Checoslovaquia e instituyó reformas radicales durante el periodo conocido como la Primavera Negra planteando que el Partido perseguía una política de «socialismo con rostro humano», que implicaba una reducción del control burocrático y más tolerancia hacia los deseos y necesidades de los ciudadanos. Ese mismo año temiendo que las evoluciones políticas de Dubček fueran una amenaza para la contención del bloque soviético, los países del Pacto de Varsovia bajo la directriz de la Unión Soviética aplicando la doctrina Breszhnev, que consistía en no permitir que un país del bloque soviético se retirara, invadieron a Checoslovaquia. En 1969 el control soviético fue restablecido en el país y comenzó un periodo de "normalización" que consistió en el regreso del control estricto del Partido Comunista sobre la vida checoslovaca.

La consagración del poder totalitario cubano en el ámbito internacional tuvo lugar cuando el gobierno de la isla asumió la conducción del Movimiento de los Países No Alineados.

La Habana fue la sede de la reunión cumbre de una organización, que en teoría no respondía a ningún bloque pero que en la práctica, tendía a favorecer las propuestas del Kremlin.

Durante el encuentro, Fidel Castro hizo pública su teoría de que los Países No Alineados, tenían una "alianza natural con la URSS", propuesta que puso en acción cuando respaldó la invasión soviética a Afganistán ese mismo año, 1979.

La estrecha alianza del régimen con la URSS, fue mucho más allá de la retórica, lo que motivó durante la Cumbre de los No Alineados, Belgrado 1978, que José Broz, Tito, dictador de Yugoslavia expresara en ese evento, "Cuba ha tratado de concentrar la acción de los no alineados en la lucha contra el imperialismo y el colonialismo, pero ha buscado al mismo tiempo marginar la acción contra el hegemonismo, bajo el cual se entiende la presencia soviética y cubana en África"[9].

El canciller yugoslavo, Milos Minic, denunció a finales de junio del mismo año, en la conferencia del PC yugoslavo, el hegemonismo como «la fuerza política más peligrosa del mundo actual", lo que fue contestado en una nota firmada por la agencia cubana Prensa Latina "hay teóricos que parecen respaldar los intereses americanos y chinos al tratar de separar a los no alineados de sus aliados naturales, que se encuentran en el campo socialista"[10].

Por su parte, el *Diario del Pueblo*, de Pekín, terció para atribuir a Cuba el propósito de «sabotear y dividir» el campo neutralista «en régimen de colaboración con los social imperialistas soviéticos».

El régimen de la isla convirtió a las fuerzas armadas cubanas en el último ejército imperial de habla hispana que operó en

---

9. El País 27 de julio de 1978
10. El País , 27 de julio de 1978

África[11], por lo que no es de dudar que en los años por venir, racistas hispanos y chauvinistas cubanos, recuerden con sumo orgullo este periodo en el que la acción imperialista de Cuba cosechó laureles en las guerras africanas, aunque fuese en condición mercenaria de un país euroasiático.

Unidades militares cubanas, según reconocen las autoridades de la isla, operaron en Argelia, Congo-Brazzaville y Congo-Leopoldville, hoy Kinshasa, Guinea Bissau, Angola, Namibia, Mozambique, Cabo Verde, Sao Tome, Etiopia y Somalia, por solo mencionar algunas de las que admite públicamente el régimen cubano.

Sin duda las más emblemáticas de las intervenciones militares cubanas en el mundo fue la llamada Operación Carlota, Angola 1975, en la que según el propio Fidel Castro, llegaron a estar estacionados 55,000 efectivos, 1988, incluyendo más de 600 tanques, 1100 piezas de artillería y decenas de aviones Mig-23, todos operados por militares cubanos.

Según Castro, en Angola sirvieron más 300,000 efectivos militares y aproximadamente 50,000 hombres y mujeres en los servicios civiles de las fuerzas armadas de la isla. Según iguales informes las bajas cubanas en Angola ascendieron a 2077 individuos, durante el tiempo que Cuba tuvo fuerzas de ocupación en ese país africano, aunque otros informes afirman que las bajas fueron mayores.

Esto es lo que plantea el régimen conocido por su habilidad para manipular la verdad, ¿Cuántas personas en realidad habrán integrados esas fuerzas expedicionarias, cuántos los cubanos muertos y heridos por las ambiciones imperiales del dictador caribeño?

La cifra de 2.000 muertos también la reconoció el ex canciller castrista Felipe Pérez Roque en una reunión de ministros de

---

11. Cuba en África.. Victoria Brittain." Geijeses demuestra que las intervenciones en Agriase bien con frecuencia encontraron posteriormente la aprobación de Moscú y encajaron con su política, fueron tomadas enteramente por iniciativa propia de los cubano, lo cual hace saltar el mito de Cuba como agente soviético".. Se refiere Piero Geijeses.Conflicting Missions.Habana, Washington and Africa.1959.1976.

la Unión Africana en el año 2005.

El estudio de la presencia militar cubana en el llamado cuerno africano ejemplifica la falta de escrúpulos de la jerarquía del régimen castrista.

La Habana imitando a la Unión Soviética apoyó militarmente al régimen que presidía el general Muhammad Ziyad Barre, en Somalia, y le prestó todo tipos de recursos a los insurgentes nacionalistas de la provincia de Eritrea alzados en armas contra el gobierno etíope del Emperador Haile Selassie, pero en cuanto este fue depuesto y asumió la conducción del país el general Mengistu Haile Mariam, los papeles se invirtieron y los antiguos aliados, incluyendo los independentistas eritreos, se convirtieron en enemigos de Cuba y de la URSS y todos los recursos militares se volcaron para respaldar al nuevo régimen de Addis Abeba.

Por Etiopia pasaron más de 40,000 efectivos de la Isla y en el punto más importante del conflicto estuvieron estacionados en ese país unos 18,000 soldados cubanos. La Fuerza Aérea de Cuba, también unidades de blindados y de artillería pesada participaron en el conflicto. Según las autoridades etíopes en la guerra perdieron la vida 160 soldados de la isla.

Países del continente asiático también conocieron las botas de los militares cubanos. Operadores de tanques de la isla, trabajaron en Siria y altos oficiales de las fuerzas armadas cubanas operaron en Viet Nam, algunos han sido acusados de torturar a prisioneros de guerra norteamericanos[12].

El multimillonario subsidio que proveía el Kremlin, le permitió al dictador los sueños más delirantes, proyectos hegemónicos con los que intentaba extender su poder y en el peor de los casos su influencia.

---

12. Durante la guerra en Vietnam un grupo de militares cubanos se dedicó a interrogar y torturar a prisioneros de guerra norteamericanos. Testimonios sobre los sufrimientos y muerte del Teniente Coronel Earl G. Cobeil en cautiverio, y los relatos del Coronel Edward Hubbard y del Teniente Coronel Glendon Perkins, todos integrantes del llamado "Programa Cubano". Fernando Vecino Alegret –quien fuera ministro de Ministro de Educación Superior en Cuba- está acusado de haber sido el jefe de los torturadores, que sirvieron al régimen de Vietnam del Norte en el período de 1967-1969.

Para ser efectivo el régimen montó un servicio de inteligencia de primera clase, la Dirección General de Inteligencia, integrado al Ministerio del Interior y un muy sofisticado Departamento América, que tenía como objetivo apoyar a los movimientos políticos afines al proyecto revolucionario y a grupos guerrilleros y de acción urbana, adscrito al Partido Comunista de Cuba. Dentro de este Departamento funcionó el Centro Norteamericano de Estudios y el Centro Latinoamericano de Estudios.

Los servicios de inteligencia y de la seguridad del estado de Cuba desarrollaron estrechas relaciones con sus pares de la KGB soviética, la Stassi de Alemania Oriental y la BTO de Bulgaria, entre otros organismos similares, en consecuencia millares de jóvenes de cualquier región del mundo fueron instruidos y educados en subversión, desestabilización política y terrorismo y aunque Cuba era la escuela, quien corría con las cuentas era la Unión Soviética.

La voracidad imperialista de La Habana era tal, que a pesar del fracaso de la teoría del Foco Guerrillero que personificó Ernesto Guevara, apoyó con cuantiosos recursos la subversión que dirigió en Nicaragua el Frente Sandinista de Liberación Nacional y en El Salvador, el Frente Farabundo Martí.

Sus incursiones en el Caribe no cesaron, la invasión a Granada[13] por efectivos militares de Estados Unidos que contó con el apoyo de la Organización de Estados del Caribe, 1983, fue provocada por la intervención cubana en los asuntos internos de esa isla y por la construcción de un aeropuerto que serviría de plataforma de apoyo para los nuevos planes que estaba gestando la subversión castrista en Sudamérica.

Los 70 y 80 fueron las décadas en las que el régimen cubano,

---

13. La Invasión de Granada, fue una operación militar comandada por Estados Unidos con la participación de varias otras naciones caribeñas en respuesta a un golpe de estado dirigido por el viceprimer ministro Bernard Coard. El 25 de octubre de 1983 efectivos los Estados Unidos, Barbados y Jamaica y miembros de la Organización de Estados del Caribe Oriental, desembarcaron en Granada, derrotando a las fuerzas granadinas y a efectivos del ejército de Cuba.

con soberbia triunfalista, respondió negativamente a las aproximaciones políticas de los presidentes estadounidenses Richard Nixon y Jimmy Carter.

A las propuestas de diálogo de este último, el régimen de La Habana respondió incrementando la presencia mercenaria del ejército cubano en África, al extremo que Cuba llegó a tener en Angola proporcionalmente más militares en línea de combate que los Estados Unidos en Vietnam, en los momentos más críticos de aquel conflicto.

Capítulo II

La intervención castrista en África.

Varios países africanos, al igual que la mayoría de los países del hemisferio americano, padecieron la subversión o la ocupación de sus territorios por unidades de diferentes cuerpos armados de las Fuerzas Armadas de Cuba.

El principal promotor de la presencia cubana en África, al menos a principios de la década del 60, fue Ernesto Guevara quien durante un viaje por varios países de ese continente se entrevistó con varios líderes de movimientos independentistas y les prometió ayuda militar y logística.

Entre los líderes guerrilleros a los que ofreció el respaldo militar de Cuba se encontraban Amilcar Cabral, Samora Machel, Marcelino Dos Santos, Agostinho Neto y dirigentes del movimiento revolucionario congoleño Gastón Soumaliot y Laurent Kabila.

La presencia de militares cubanos en África fue todavía más evidente que la que tuvo en América Latina, el embajador cubano ante Naciones Unidas, Pedro Núñez[14], dijo que por África habían pasado más de 381,000 oficiales y soldados cubanos.

Como se constatará en diferentes ocasiones las cifras dadas por los funcionarios del régimen de La Habana que han abordado la presencia militar cubana en África se contradicen muchas veces.

Unidades regulares de las Fuerzas Armadas de Cuba, como se ha señalado con anterioridad, combatieron, por solo señalar unos pocos ejemplos en El Congo, Angola, Etiopía y Argelia y paradójicamente después de haber ayudado de todas las formas posibles a los insurgentes nacionalistas de Eritrea contra las tropas de ocupación del gobierno de Etiopía que, dirigía el emperador

---

14. Asamblea General. ONU. Octubre 17 del 2012.

Haile Selassie, como se apuntó con anterioridad el gobierno de Fidel Castro consecuente con su servidumbre a Moscú, pero también contradictoriamente para poder seguir haciendo sus propias incursiones imperiales, La Habana cesó su ayuda a los secesionistas de Eritrea cuando el golpe militar encabezado por Mengistus Marian que contaba con respaldo soviético, derrocó al emperador etíope.

A continuación algunos de los países africanos en los que las unidades militares cubanas tuvieron una mayor relevancia.

Angola.

Sin dudas donde más participación hubo de militares cubanos fue en este país.

En 1961 los angoleños comenzarán a organizarse políticamente, a través del Frente Nacional para la Liberación de Angola (FNLA) y del Movimiento Popular para la Liberación de Angola (MPLA), e intentaron rebelarse militarmente contra el poder colonial, Portugal, fracasando en sus primeros intentos a los que seguiría una severa represión ordenada por la metrópoli.

En 1964 miembros disidentes de FNLA formaron la Unión Nacional para la Independencia Total de Angola (UNITA).

Los movimientos pro independencia continuaron su enfrentamiento contra el ejército portugués, hasta que en 1974, después del derrocamiento del dictador Marcelo Caetano, el nuevo gobierno inició un proceso de descolonización que culminó con la independencia de Angola en noviembre de 1975.

El acuerdo tripartito existente entre los movimientos de independencia se quebró cuando se aproximaba la independencia iniciándose un enfrentamiento entre las diferentes unidades insurgentes.

El MPLA logró una victoria parcial sobre sus rivales en febrero 1976, pero nunca controló completamente el país.

Esta guerra civil, que se extendió por varios años, condujo a Angola a convertirse en uno de los escenarios más importante de la Guerra Fría.

Por ejemplo el MPLA fue respaldado por la extinta Unión Soviética y Cuba y el FLN y UNITAS apoyados por Estados Unidos y Sudáfrica.

Según cifras ofrecidas por la dictadura cubana en los más de quince años que duró la denominada Operación Carlota, se inició en 1975[15] y concluyó en 1991, por el país africano pasaron 377,033[16] militares que se enfrentaron a las fuerzas que se oponían al régimen de Luanda y a las tropas de África del Sur, todavía gobernada por el Apartheid.

El momento de mayor presencia militar cubana según otras informaciones, ascendió a 52,000 efectivos[17].

El primer grupo de militares que llegó a Angola fue la primera compañía del Batallón de Tropas especiales, pero el 27 de marzo de 1976 ya había en Angola 36,000 militares cubanos.

Centenares de unidades militares cubanas participaron en la guerra civil que azoló a Angola durante varios años a favor del gobierno de Agostinho Neto[18] y en contra los grupos insurgentes del Frente Nacional para la Liberación Nacional que comandaba Holden Roberto[19] y la Unión Nacional para la Independencia

---

15. El estilo de gobierno unipersonal de Fidel castro se reitera cuando envía Angola 30,000 soldados sin consultar con el Partido Comunista de Cuba ni su Buró Politice.. Victoria Brittain. Cuba en África

16. El Nuevo Herald. 7 de diciembre de 2009.

17. Jorge Risquet. Diciembre 31del 2008." "Más de 380 mil soldados y oficiales cubanos montaron guardia o pelearon junto a los pueblos de África. Más de mil ofrendaron generosamente vidas a la causa de la libertad en las ancestrales del aquel continente. 50 mil colaboradores civiles prestaron sus servicios." La Epopeya de Cuba en África.

18. AntónioAgostinho Neto Kilamba. 1922-1979. Médico. Primer presidente de Angola. Fundó el Movimiento Popular de Liberación de Angola. MPLA, un movimiento independentista que dirigió desde Marruecos. y que contaba con el respaldo de todos los países que integraban el bloque soviético.

19. José Gilmore Holden Roberto. 1923-2007. Empezó su actividad política en 1954 fundando la Unión de las Poblaciones del Norte de Angola (UPNA), luego rebautizada como Unión de las Poblaciones de Angola (UPA). En 1960 firmó un acuerdo con el MPLA que no se materializó. En 1962 funda el Frente Nacional de Liberación de Angola (FNLA), del que pasa a ser presidente. Este partido constituiría el Gobierno Revolucionario de Angola en el Exilio, en el que Jonás Savimbi fue Ministro de Asuntos Exteriores.

Total de Angola que lideraba Jonas Savimbi[20], un viejo combatiente contra el colonialismo portugués.

La presencia militar cubana en Angola fue apoyada en el trabajo que realizaron durante años otros 42,510 cubanos, todos identificados con las dictaduras y comprometidos, al menos en teoría, en defender lo que ordenara el régimen de La Habana.

Esta realidad se evidencia cuando el propio régimen de la isla admite que 230 cooperantes cubanos entre ellos 43 mujeres empuñaron las armas para enfrentar un ataque de la UNITAS.

El régimen ha admitido un máximo de 2655 cubanos muertos en los conflictos africanos.

El resumen de bajas oficiales que no se ajusta a la cifra anterior consiste en: Angola, murieron 2085 cubanos, en Etiopia, 160 y en otros países del mismo continente 113[21].

Argelia.

La primera incursión de Cuba en África que admiten las crónicas oficiales de la isla se remonta a un viaje que el director de Prensa Latina, Jorge Ricardo Masetti[22] hizo a Túnez.

El subversivo periodista de origen argentino, 1961, entregó un mensaje del régimen cubano a los guerrilleros del Frente de Liberación Nacional de Argelia que luchaban contra el poder colonial de Francia.

En diciembre de ese año el barco cubano Bahía de Nipe, de-

---

20. JonasSavimbi. 1934-2002. Ingresó en la Unión del Pueblo Angoleño (UPA), dirigida por Holden Roberto, primer grupo guerrillero contra la metrópoli, transformado en Frente Nacional para la Liberación de Angola (FNLA) tras fusionarse con el Partido Democrático. Ministro de Asuntos Exteriores en el Gobierno de la República de Angola en el Exilio (GRAE), en 1964 rompió con el FNLA, al que suponía infiltrado por la CIA, y se trasladó a Moscú. Pero su peregrinación moscovita no resultó fructífera. Savimbi en 1965 junto a once de sus compañeros llegó a China, donde recibieron instrucción militar. Regresó clandestinamente a Angola y en marzo de 1966 creó la Unión Nacional para la Independencia Total de Angola (UNITA), de la que fue elegido presidente.
21. DPA.LA Habana. Diciembre 8 del 2009.Acto presidido por Raúl Castro.
22. Murió en Argentina dirigiendo una unidad guerrillera que contaba con el apoyo del gobierno de Cuba.

sembarcó en Casablanca, Marruecos, una gran cantidad de pertrechos militares que fueron entregadas al FLN[23].

Un año después, Argelia ya era independiente de Francia y La Habana envió a ese país más armas, pero en esta ocasión con militares cubanos.

En 1963, como consecuencia de un conflicto bélico entre Argelia y Marruecos, el gobierno de Cuba[24] envió al primer país más de 700 militares completamente equipados. Los pertrechos militares, incluido blindados y aviones Mig-17 con sus respectivos pilotos y personal de respaldo[25] fueron dejados en Argelia cuando los militares cubanos retornaron en 1964[26].

Argelia fue el primer país africano en contar con tropas cubanas[27] y también el primero en recibir contingentes médicos de la isla.

Por su parte, Ahmed Ben Bella, primer presidente de Argelia, al igual que el gobierno de Cuba, favorecía los movimientos de liberación que participaban en procesos insurreccionales contra las metrópolis.

En mayo de 1963, arribó a Argelia un contingente médico integrado por 45 hombres y 10 mujeres, esta fue la primera presencia de galenos cubanos con fines políticos en un país africano, el funcionario cubano que organizó esta operación fue el entonces ministro de Salud Pública, José Ramón Machado Ventura.

---

23. El Bahía de Nipe regreso a Cuba con 76 insurgentes argelinos y heridos y una veintena de huérfanos. Transportó a Argelia 5,000 toneladas de armas.
24. El jefe supremo de la operación fue el comandante Efigenio Almejeiras, que contó con la ayuda de un general soviético, lo que en la opinión de Pablo J. Hernández, obra citada, tal presencia implica que la asistencia cubana había sido coordina previamente con Moscú.
25. Pablo J. Hernández González. Obra citada.
26. Los barcos que transportaron hombres y pertrechos fueron los mercantes Sierra Maestra, Aracelio Iglesias y Playa Girón, al frente de las tropas cubanas iban Efigenio Almejeiras, Aldo Santamaría, Samuel Rodiles, Lino Carrera, Joaquín Ordoqui y Raúl Díaz Arguelles, que años mas tarde moriría en Angola. Cubanos combatientes. Peleando en distintos frentes. Enrique Ros.
27. Las tropas cubanas fueron acompañadas por equipos fílmicos del Instituto Cubano de Artes e Industrias Cinematográfica. El ministro de Defensa de Cuba de la época, Raúl Castro, señaló que "todos los documentales filmados, tanto los del ICAIC como de los camarógrafos militares deben ser recogidos por el embajador nuestro y remitírmelo a mí por la valija diplomática". Guerras Africanas de Cuba. Pablo J Hernández González.

República del Congo o Congo Belga.

El 30 de junio de 1960 Bélgica le concedió al Congo su independencia, nacía un nuevo país con un territorio mayor a Texas y Alaska juntos. Poblado solo por 14 millones de personas, integrado en unos 200 grupos étnicos y tribus.

Rico en oro, diamantes, cobre, uranio y otros minerales (la mayoría de los cuales fueron explotados por la Unión Minière du Haut-Katanga en la provincia de Katanga, en la que británicos, franceses y sudafricanos tenían parte sustancial en las explotaciones además de los belgas), el nuevo país instaura una legislatura bicameral, la división de autoridad entre un gobierno central y seis gobiernos provinciales.

El primer Presidente de la nueva nación, Joseph Kasavubu[28], declaró a Patrice Lumumba[29], líder del Movimiento Nacional

---

28. Primer presidente de la República Democrática del Congo. Fue seminarista, posteriormente estudios en la Escuela Normal. En la Léopoldville, fue influenciado por diferentes grupos políticos . Se dio a conocer como dirigente de la organización nacionalista bakongo ABAKO. Fue elegido alcalde de Dendale en 1957. Participó en las conversaciones para la independencia del país de Bélgica, siendo elegido Presidente de la república en 1960. Enfrentado constantemente con sus primeros ministros, fue especialmente señalada su participación en el complot para terminar con la vida de Patrice Lumumba. También se enfrentó al poder legislativo. Terminó siendo depuesto por un golpe de estado encabezado por Joseph Mobutu, quien le había ayudado a ejecutar a Lumumba

29. El 2 de junio de 1925 nace Patrice Emergí Lumumba, revolucionario y luchador por la independencia del Congo belga. En 1957 decide afiliarse al movimiento independentista de su país, de Bélgica. Un año más tarde fundó el Movimiento Nacional Congoleño.

En su calidad de político acudió a diversos foros para pedir la autonomía de su país. El Congo accede a la independencia el 30 de junio de 1960, se convoca a elecciones y fue elegido presidente del Consejo de Ministro.

El 5 de septiembre de 1960, el presidente Joseph Kasavubu destituyó a Lumumba y a seis de sus ministros.

El 27 de noviembre, Lumumba escapa de su casa e intenta llegar a Stanleyville (Kisangani), donde su colaborador Antoine Gizenga estaba reagrupando a las fuerzas comunistas con las que Lumunba estaba identificado.

A finales de diciembre de 1960 y principios de enero de 1961, las fuerzas lumumbistas estaban a la ofensiva, sin embargo, Lumumba es detenido y asesinado junto a varios de sus compañeros. La guerra civil que se había iniciado en el país finalizó en 1965. En 1971 el país tomo el nombre de Zaire.

Congoleño, el partido más grande pero sin contar con mayoría en la población, Primer ministro.

El 31 de junio de 1960, las tropas negras del nuevo Ejército Nacional Congoleño se amotinaron en Leopoldville (hoy Kinshasa), la capital de la nueva nación, contra la continuidad de nombramiento de los belgas en todas las posiciones importantes.

El motín rápidamente se extendió a otras ciudades, donde causó pánico y huida de los blancos. Miles cruzaron el río de Leopoldville a Congo-Brazzaville, mientras que otros abandonaron por vía aérea, lo que se convirtió en un éxodo masivo.

Esperando que algo así ocurriera, e interesados en la protección de sus considerables intereses financieros en el sur del Congo, los belgas reforzaron sus fuerzas que seguían desplegadas en el país, conocidas como la Fuerza Pública.

El comandante del ANC, el coronel Joseph-Désiré Mobutu[30],

---

30. Estudió en una escuela de misioneros estadounidenses, En los años 1950, dirigió una cadena de comercios en Katanga, y entró en política, fundando el partido CONAKAT, que propugnaba la independencia de Katanga. En las elecciones legislativas de 1960, el CONAKAT asumió el poder en la provincia de Katanga. La República Democrática del Congo alcanzó, y Tshombe y el CONAKAT declararon la secesión de la provincia del resto del Congo el 11 de julio de 1960. Estallaron graves disturbios étnicos y los katangueses procedieron a expulsar a los inmigrantes kasais, de la etnia luba, a los que la administración colonial había llevado para que trabajasen en las minas. Hubo muchos muertos. Cristiano, anticomunista y prooccidental, Tshombe fue elegido presidente de Katanga en agosto de 1960. Algunos analistas creen que Tshombe propició esta secesión al no ser incluido en el gobierno de Lumumba. Como pretendía seguir manteniendo relaciones privilegiadas con Bélgica y en especial con la Unión Minera del Alto Katanga, Tshombe solicitó al Gobierno belga ayuda para constituir y adiestrar un ejército katangués. Francia, también deseosa de aprovecharse del mineral katangués, envió como refuerzo al mercenario Bob Denard y a sus hombres. El Primer ministro Patrice Lumumba y su sucesor Cyrille Adoula pidieron por su parte la intervención de las Fuerzas de las Naciones Unidas, que respondió favorablemente. Cuando Lumumba, tras las tensiones habidas con Joseph Kasa-Vubu y Joseph Mobutu, fue enviado al Gobierno de Katanga en enero de 1961, fue torturado y ejecutado. Algunos afirman Tshombe asistió con varios de sus ministros a la ejecución de Lumumba.1 Sin embargo, una reciente investigación llevada a cabo por el Parlamento belga, la "Comisión Lumumba" de 2001, exculpó de modo tajante al líder secesionista a la vez que cuestionaba de modo implícito el comportamiento de los servicios paralelos estadounidenses y belgas. Las Naciones Unidas tardaron dos años en retomar el control de Katanga para el Gobierno congoleño. En 1963, la toma de Katanga por parte de las fuerzas de las Naciones Unidas obligó a Moise Tshombe a exiliarse primero a Rhode-

explotó el caos para tener el ejército bajo control, prácticamente con el establecimiento de un estado dentro del estado. En el menor período de tiempo sustituyó a la mayoría de la oficialidad belga por suboficiales congoleños. Esto no fue suficiente, y las malas comunicaciones, en un enorme país no le permitieron a Mobutu ejercer el control en todas las regiones.

El 9 de julio, tropas del ANC en Elisabethville, capital de Katanga (más tarde Shaba) se amotinaron y el Premier provincial, Moïse Tshombe[31], pidió la ayuda de Bruselas[32].

---

sia del Norte (actual Zambia), y más adelante a España. En 1964, regresó al Congo para formar parte de un nuevo gobierno de coalición como Primer Ministro. Decidió expulsar de Kinshasa a los congoleños de Brazzaville. Fue cesado un año después por el presidente Joseph Kasavubu.

31. Hijo de un hombre de negocios, Joseph Kapend Tshombe, era el primogénito de 11 hijos y descendiente directo de Mwata Yamvo, rey Lunda. Estudió en una escuela de misioneros estadounidenses,. En los años 1950, dirigió una cadena de comercios en Katanga, y entró en política, fundando el partido CONAKAT, que propugnaba la independencia de Katanga. En las elecciones legislativas de 1960, el CONAKAT asumió el poder en la provincia de Katanga. La República Democrática del Congo alcanzó, y Tshombe y el CONAKAT declararon la secesión de la provincia del resto del Congo el 11 de julio de 1960. Estallaron graves disturbios étnicos y los katangueses procedieron a expulsar a los inmigrantes kasais, de la etnia luba, a los que la administración colonial había llevado para que trabajasen en las minas. Hubo muchos muertos. Cristiano, anticomunista y prooccidental, Tshombe fue elegido presidente de Katanga en agosto de 1960. Algunos analistas creen que Tshombe propició esta secesión al no ser incluido en el gobierno de Lumumba. Como pretendía seguir manteniendo relaciones privilegiadas con Bélgica y en especial con la Unión Minera del Alto Katanga, Tshombe solicitó al Gobierno belga ayuda para constituir y adiestrar un ejército katangués. Francia, también deseosa de aprovecharse del mineral katangués, envió como refuerzo al mercenario Bob Denard y a sus hombres. El Primer ministro Patrice Lumumba y su sucesor Cyrille Adoula pidieron por su parte la intervención de las Fuerzas de las Naciones Unidas, que respondió favorablemente. Cuando Lumumba, tras las tensiones habidas con Joseph Kasa-Vubu y Joseph Mobutu, fue enviado al Gobierno de Katanga en enero de 1961, fue torturado y ejecutado. Parece ser que Moise Tshombe asistió personalmente con sus ministros Kitenge,Munongo, Kibwe, y los belgas Gat y Verscheure a la ejecución de Lumumba. Sin embargo, una reciente investigación llevada a cabo por el Parlamento belga, la "Comisión Lumumba" de 2001, exculpó de modo tajante al líder secesionista a la vez que cuestionaba de modo implícito el comportamiento de los servicios paralelos estadounidenses y belgas. Las Naciones Unidas tardaron dos años en retomar el control de Katanga para el Gobierno congoleño. En 1963, la toma de Katanga por parte de las fuerzas de las Naciones Unidas obligó a Moise Tshombe a exiliarse primero a Rhodesia del Norte (actual Zambia), y más adelante a España. En 1964, regresó al Congo para formar parte de un

En respuesta, transportes de la FAB desplegaron 800 paracaidistas belgas en Kongolo desde Kamina, y comenzaron a repatriar a los civiles.

Deseosa de mantener estrechos vínculos con Occidente, que invirtió enormes cantidades de capital en la zona, Katanga se separó del Congo, y se declaró estado independiente el 10 de julio.

Tshombe[33] -de acuerdo con la Unión Minière y el Gobierno belga - anunció la secesión, acusando a Lumumba de querer vender a todo el país a la Unión Soviética, a la vez que se nombró a sí mismo presidente.

Entonces Lumumba formuló un pedido de asistencia a las Naciones Unidas, que enviaron en cuestión de días 3.500 tropas de Túnez, Marruecos, Ghana y Etiopía, y 625 efectivos suecos de la fuerza de emergencia de la ONU en la Franja de Gaza, pero los contingentes de la ONUC carecían de recursos para su propio despliegue.

Asimismo, pronto fue evidente que Nikita Kruschev simplemente se había aprovechado de la confusión generada en el continente por los procesos independentistas para establecer una presencia soviética en África.

Su candidato en principio fue el congolés Patricio Lumumba, que llegó a usar hasta nueve aeronaves soviéticas Ilushin Il-14 bimotores, (con el apoyo de más de 200 "técnicos") para transportar a las tropas leales del ANC a las zonas secesionistas, sobre todo a Bakwanga, donde trataron de persuadir a la población local de permanecer leales al Congo.

La presencia soviética fue de corta duración porque enseguida la ONU ocupó y cerró todos los aeropuertos congoleños,

---

nuevo gobierno de coalición como Primer Ministro. Decidió expulsar de Kinshasa a los Congoleños de Brazzaville . Fue derrocado un año después por el presidente Joseph Kasavubu. En 1966, Joseph Mobutu, que había expulsado a Kasavubu un año antes, acusó a Tshombe de traición, por lo que tuvo que volver a huir a España. En 1967, fue condenado en rebeldía a muerte. En junio, el avión en el que viajaba fue secuestrado y desviado a Argelia, en donde se le encarceló hasta su muerte en 1969 por un ataque cardíaco.

32. Historia militar: La Guerra Civil en el Congo (1960-1963). Por Tom Cooper.
33. Idem.

salvo para sus propios vuelos. Sin embargo, más de 100 camiones GAZ-63 soviéticos ya se habían desembarcado en la costa en Matadi, en apoyo del gobierno centralista de Lumumba.

El Presidente Dwight D. Eisenhower "deploró" tales injerencias que parecía, dijo, "para ser totalmente motivado por los designios políticos de la Unión Soviética en África"[34].

El 14 de septiembre de 1960, Mobutu se hizo del control. Una de sus primeras decisiones fue expulsar del Ejército a los asesores soviéticos y checos y cerrar las embajadas europeas del bloque comunista en Leopoldville. Privados de su respaldo, el Primer Ministro congoleño fue puesto bajo arresto domiciliario supervisado por la ONU, donde permaneció hasta fines de noviembre.

El 27 de noviembre de 1960, Lumumba logró escapar de Leopoldville, pasando a Stanleyville para lanzar un dramático intento de reunirse con sus partidarios en la provincia Oriental. Tropas leales a Mobutu del ANC lo capturaron solo unos días más tarde y fue devuelto a la capital, donde fue encarcelado. Partidarios de Lumumba amenazaron con cortar las cabezas de los blancos en Stanleyville (Kisangani) en represalia, a menos que fueran liberados.

Antoine Gizenga, el más cercano de los seguidores de Lumumba, proclamó un nuevo gobierno pro-comunista en Stanleyville, el 13 de diciembre de 1960[35]. El apoyo adicional vino de las provincias orientales y Kiwu, de manera que los enfrentamientos con las fuerzas de Mobutu – que rara vez superaban los 100 efectivos en ambos lados - se hicieron más frecuentes.

A principios de enero de 1961, las unidades leales a Lumumba del ANC invadieron el norte de Katanga para apoyar una revuelta de la tribu baluba contra Tshombe, del régimen secesionista.

---

34. Asamblea General. ONU. Octubre 17 del 2012.Historia militar: La Guerra Civil en el Congo (1960-1963).
35. Historia militar: La Guerra Civil en el Congo (1960-1963). Por Tom Cooper.

Lumumba fue trasladado de Leopoldville a Katanga, el 17 de enero de 1961. Lo trasladaron en avión a Bakwanga, pero al llegar el avión a la pista de aterrizaje ésta estaba bloqueada, por lo que la aeronave siguió hasta Elisabethville. Golpeado en el avión, Lumumba fue baleado poco después de su llegada.

El asesinato de Lumumba, que se anunció el 12 de febrero, conmocionó al mundo[36].

Embajadas belgas fueron atacadas por manifestantes furiosos en algunos países. El Presidente Nasser confiscó todos los bienes de Bélgica en Egipto y el 14 de febrero, y junto con la Unión Soviética, fue el primero en reconocer al gobierno lumumbista en la provincia Oriental. Alemania del Este, Ghana y Yugoslavia siguieron su ejemplo. Esta acción fue acompañada de una convocatoria de una nueva fuerza de todos los países africanos para reemplazar a las tropas de la ONU en el Congo. Kruschev tomó la iniciativa, con el respaldo del Primer Ministro de India Jawaharlal Nehru, y los jefes de otros 66 gobiernos. Kruschev acusó al Secretario General la ONU Dag Hammarskjöld, de jugar el papel de "jefe asesino".[37]

"El 24 de febrero, con el apoyo de 300 hombres Gizenga se apoderó de la capital de la provincia de Kasai. Muy pronto, a pesar de la presencia de Naciones Unidas, las tropas de Gizenga controlaron tres de las seis provincias del país. Si bien asumió el papel de Lumumba, Gizenga carecía de sus cualidades y dependía de sus colegas burocráticos. Con el respaldo de los estados comunistas, expulsaron a las autoridades consulares de los países que no habían reconocido su gobierno, causando otro éxodo de europeos y de otros extranjeros".

Por otra parte, en marzo de 1961, unos 400 lumumbistas penetraron en el norte de Katanga y capturaron Manono. La Gendarmería fue utilizada para repeler la invasión, pero el ataque fue encabezado por los mercenarios que capturaron la ciudad.

Para entonces Gizenga aceptó unirse a un gabinete central

---

36. Historia militar: La Guerra Civil en el Congo (1960-1963). Por Tom Cooper.
37. Idem.

bajo el mando de Cyrille Adoula luego de celebrarse un parlamento en el que los lumumbistas retuvieron los puestos clave.

Anticipando su hegemonía inicial en el nuevo gobierno y alentados por el socialismo de Adoula y su actitud de permanecer neutral en los asuntos mundiales, Gizenga disuelve su base en Stanleyville, el 18 de agosto. Ambos hombres estaban decididos a poner fin a la secesión de Katanga, que fue en gran parte posible gracias a los intereses belgas, en particular la Unión Minière du Haut-Katanga.

Su asociación no duró mucho, mientras que, las otras partes tenían sus propios intereses.

Al final del verano de 1961 había cuatro grandes fuerzas que intervenían en el conflicto del Congo además de las de Naciones Unidas.

El ANC (unos 7,500 combatientes, con sede en Leopoldville y Ecuateur), Kivu (de Gizenga) y Provincia Oriental (unos 7,000 combatientes), los Balubas de Kasai (3,000 combatientes), katangueses y la gendarmería (que comprende 5,000, incluido un máximo de 500 mercenarios blancos).

Con serias diferencias entre Balubas Asai y katangueses y otros grupos, así como el desacuerdo y motines contra las autoridades centrales de la ONU y su presencia militar, no pasó mucho tiempo hasta que la violencia estalló de nuevo.[38]

El 4 de abril de 1961, los katangueses liberaron de los suecos el aeropuerto de Elisabethville, y tres días más tarde en Manono hubo otra batalla con los contingentes de Etiopía de la ONUC, dejando varios muertos.

El 14 de abril, la ONUC fue autorizada a utilizar la fuerza en la búsqueda de sus objetivos. De ahí en adelante, la ONUC parecía perseguir objetivos que han sido objeto de considerable controversia: en lugar de tratar de poner orden, el mantenimiento de la paz fue operado de manera discriminatoria, principalmente con miras a poner fin a la secesión katanguesa.

Un DC-6B "Albertina" fue trasladado hasta Leopoldville. Allí

---

38. Historia militar: La Guerra Civil en el Congo (1960-1963). Por Tom Cooper.

recogió al secretario general de Naciones Unidas, Dag Hammarskjöld para volar a Ndola, justo al otro lado de la frontera de Rhodesia del Norte (hoy Zambia), para las negociaciones con Tshombe.

El avión, pilotado por el capitán Per-Erik Hallonquist, se acercó a Ndola en alrededor de la medianoche, pero se estrelló justo al norte, causando la muerte de todos a bordo.

Inmediatamente, hubo especulaciones sobre la causa del accidente y de sus antecedentes, con dos nuevas teorías: una se basa en el fallo de motor, y el otro en falla de instrumentos. También hubo una teoría de sabotaje (que culpó a la Unión Soviética, Mobutu y Conor Cruise O'Brien, el irlandés representante de Naciones Unidas en el Congo), así como la teoría de las agresiones externas, lo que sugiere que un DeHavilland Vampire de la Real Fuerza Aérea de Rhodesia (RRAF), o KAT Magister atacaron el DC-6B.[39]

Las causas de este accidente nunca fueron establecidas satisfactoriamente, pero lo más probable es que el DC-6 de Hammarskjöld del DC-6 se estrelló por fallas de motor o instrumentos.

Ante la muerte de Hammarskjöld, se acordó un alto el fuego, el 21 de septiembre, no sin antes que Deulin hubiera atacado la sede de O'Brien en Katanga.

Este alto el fuego no duraría mucho. Aceptando el fracaso el sucesor de Hammarskjold, U Thant, nuevo secretario general de Naciones Unidas, obligó a O'Brien a abandonar el Congo.

Los katangueses celebraron. Habían logrado una clara victoria en la primera batalla de Katanga. No obstante, el contingente de la ONUC se encontraba todavía en la provincia y preparándose para hacer frente a la Avikat y sus mercenarios.

De todas maneras, el Congo no vería ninguna paz. Los Balubas todavía activos en torno a Kongolo, masacraron a 19 misioneros, a mediados de diciembre, mientras que Schramme y Denard continuaban la lucha con el resto de sus fuerzas.

---

39. Historia militar: La Guerra Civil en el Congo (1960-1963). Por Tom Cooper.

Entretanto, Gizenga estaba en graves problemas después de haber fallado en consolidar su base en Stanleyville, su partido estaba dividido y rápidamente se iniciaron los conflictos internos.

Posteriormente cerca de 300 de sus seguidores se rindieron, y Gizenga fue hecho prisionero por el ANC. No obstante, cuando el contingente de la ONU de Egipto se retiró, había dejado -presuntamente a petición Soviética- 67 toneladas de armas para Gizenga, de manera que estos pudieron tomar Luluabourg apenas diez días más tarde.

Enrique Ros, dice en su libro Cubanos Combatientes: Peleando en distintos frentes, que en enero de 1963, Harlam Cleveland, quien presidia el grupo de trabajo del Congo en el Departamento de Estado, declaró que en el Congo" no había tropas extranjeras, no enclaves comunistas ni ejércitos de liberación."[40]

En julio de 1963, reaparece en el Congo el dirigente Pierre Mulele con el propósito de ponerse al mando de lo que él llamaba la segunda guerra de independencia o la revolución socialista.

En unos pocos meses logró formar una fuerza militar y entre abril de 1964 a junio de 1965, logró el control del territorio de Kwilu-Kwango, en Bandundu.

A su vez otro caudillo congolés, Laurent Kabila, que había recibido formación guerrillera en la República Popular China inició una ofensiva en la parte norte de Katanga y en una zona situada entre Uvira y Fizi, en Kivu.

Prácticamente sin combatir el gobierno revolucionario establecido el 4 de agosto de 1964 en Kisangani, controlaba el 50% del país y creaba la República Popular del Congo.

---

40. En este mismo libro Ros expone que en 1962 cinco pilotos cubanos que habían integrado la Brigada 2506 fueron al Congo pero que solo volaban sobre la capital, Leopoldville. Los pilotos eran Mario Ginebra, moriría años mas tarde en el Congo, Rafael García Pujol, Eduardo Herrera, Cesar Luaces y Alfredo Maza. Agrega que a este pequeño grupo con el paso de los meses se sumaron J "Pupy" Varela, jefe de grupo, Nildo Batista, Raúl Solís, Ernesto Peinó, Cesar Baró, TornySoto, Cesar Toribio y varios más.

No obstante la participación a su favor de la guerrilla "Simba"[41], las matanzas contra la población y la toma de misioneros europeos como rehenes, crearon un clima en contra de los insurgentes.

Por otra parte Mobutu se buscó el apoyo de tropas mercenarias europeas y el 24 de noviembre de 1964 el gobierno revolucionario de Kisangani cayó definitivamente.

A partir de ese momento Pierre Mulele inició otra guerra de guerrillas, sirviéndose de la facilidad para operar que le proporcionaban los impenetrables bosques del país.

Una de las primeras misiones imperialista del totalitarismo cubano en África fue dirigida por Ernesto Guevara[42].

En la República del Congo, antiguo Congo Belga, Ernesto Guevara[43] al mando de más de un centenar de hombres que procedían en su mayoría de las Fuerzas Armadas de la isla apoyó, entre otros dirigentes nacionales, a Laurent Kabila uno de los principales líderes rebeldes.

---

41. La denominada rebelión simba (término que significa león en idioma swahili) comenzó en Kivu en mayo de 1964, se extendió a Katanga, Oriental y Ecuador y adquirió un carácter extremadamente violento cuando Tshombé, viejo enemigo de Kabila y sus correligionarios, regresó al primer plano como primer ministro en Léopoldville con los apoyos de Kalonji y el destacado lumumbista Antoine Gizenga. Cuando Gbenyé tomó Stanleyville (hoy Kisangani), la capital de la Provincia Oriental, y el 21 de julio Soumialot encabezó un Gobierno Provisional de la República Popular del Congo (proclamada el 4 de agosto), Kabila entró en él como vicepresidente encargado de las relaciones exteriores. Como comandante militar, los hombres a sus órdenes conquistaron el territorio que se extiende desde Albertville (la actual Kalemie) hasta su Baudouinville natal (hoy Moba) en el norte de Katanga, y la zona situada entre Uvira y Fizi, en Kivu. CIDOB.

42. El régimen cubano dispuso el envió al Congo de 128 hombres miembros de sus fuerzas armadas. En principio la tropa iba a ser comandada por el comandante Víctor Dreke, posteriormente el mando se le quitó a Dreke y el comando lo dirigió Guevara. Dreke en el libro de la Sierra del Escambray al Congo, dice que le acompañaron unos treinta soldados de las fuerzas antiguerrilleras que estaban operando contra insurgentes en las montañas del Escambray. Cuenta que le dijeron que los hombres seleccionados tenían que ser negros, "bien negros".

43. El uso de los servicios diplomáticos en las incursiones militares dirigidas por el gobierno cubano en diferentes países y territorios se corrobora una vez más con el hecho de que el embajador de Cuba en Tanzania, Pablo Rivalta, estaba al tanto de la operación militar y había usado todas sus prerrogativas como diplomático para establecer una red de apoyo a los invasores cubanos.

Vale destacar que el gobierno de Cuba intentó ocultar a sus aliados congoleses de que Guevara estaba en el país. La mentira y la manipulación maliciosa del régimen cubano se expresó hasta con sus propios aliados africanos como apunta en su libro el comandante Víctor Dreke[44], el segundo al mando de los militares cubanos que operaron en el Congo.

Según Dreke le dijeron a los congoleses que Guevara era el médico del grupo expedicionario cubano.

Según versiones de jerarcas del régimen cubano la presencia militar de la isla se hizo efectiva "el 24 de abril de 1965, día en que el Comandante Ernesto Guevara[45] y trece combatientes cubanos, cruzaron el Lago Tanganika y desembarcaron en el Este del Congo Leopoldville".[46]

Las acciones de la dictadura cubana a favor de una facción o gobierno estaban dadas más por los intereses políticos de La Habana, que por convicciones ideológicas, aunque estas nunca se pueden descartar por completo.

Congo-Brazzaville. Antiguo Congo francés.

Otra columna de cubanos, aproximadamente 250 hombres[47], bajo el comando de Jorge Risquet Valdés, operó en la República del Congo, también conocido como Congo-Brazzaville o antiguo Congo francés. Alphonse Massemba Debat[48], aliado de la dictadura cubana, era el presidente del país.

---

44. De la Sierra del Escambray al Congo.

45. Ernesto Guevara no pudo imponer disciplina entre sus tropas. Apunta en su diario, "en efecto se palpaban síntomas de descomposición en nuestras tropas; ya durante la retirada de Front de Force algunos compañeros habían manifestado que con esa clase de gente no peleaban más y se retirarían de la lucha; habían rumores que varios iban a plantear formalmente abandonar el Congo".

46. Jorge Risquet. Responsable asistencia internacional cubana en África.

47. Cuba en África. Victoria Brittain.

48. Alfonso Massemba-Debat.1921-1977- Presidente del Congo-Brazzaville, 1961-1968. Antiguo Congo francés. Dirigente del Partido Progresista del Congo. Fue uno de los primeros dirigentes africanos en recibir ayuda militar del gobierno de Cuba. Soldados cubanos entrenaron a congoleses y les entregaron pertrechos bélicos. En 1977 fue ejecutado al fracasar un intento de golpe de estado el presidente Ngouabi.

La misión de Risquet consistía en entrenar a los guerrilleros angolanos del Movimiento Popular para la Liberación de Angola, MPLA, que luchaban por la independencia de Portugal y fortalecer el ejército de Debat que estaba intentando imponer un régimen de corte comunista y que estaba recibiendo asesoría soviética y cubana.

El jefe de la misión cubana en el Congo-Brazzaville fue Rolando Kindelán que con el tiempo llegó a ser general de Brigada del ejército de Cuba.[49]

En 1966 sectores de las Fuerzas Armadas intentaron derrocar a Debat pero el brote fue sofocado gracias a la defensa de efectivos cubanos y de guerrilleros del Movimiento Popular para la Liberación de Angola.

Estos hombres también apoyaron a los guerrilleros que respaldaban el depuesto gobierno de Patricio Lumumba[50] y después de la muerte del dirigente congolés, continuaron respaldando a las fuerzas guerrilleras que dirigían Pierre Mulele y Antoine Gizenga.

Según Risquet, en el Congo operaron cubanos en el batallón Patricio Lumumba, en la columna 1 que comandaba Ernesto Guevara.

Afirma Risquet " la columna debió salir de aquel país. No fue vencida por el enemigo, pero el objetivo de su misión no pudo cumplirse dada la ausencia de un movimiento patriótico vertebrado con el cual colaborar".

La culpa del fracaso de Guevara se la achaca Risquet, como en su momento lo hiciera el propio Guevara, a la falta de liderazgo entre los congoleses y a la poca voluntad de lucha de los insurgentes congoleses.

---

49. Enrique Ros.La Aventura Africana de Fidel Castro.
50. Idem.

Etiopía.

Unidades militares cubanas participaron en la guerra entre Somalia y Etiopía[51], este último país controlado por Mengistu Haile Marian[52] que se había transformado en un aliado incondicional de la URRS, porque buscaba apoyo para controlar los puertos eritreos de Massawa y Assab.

Lo paradójico es que el dictador somalí, Mohamed Siad Barre[53] era un antiguo aliado de la URRS y de Cuba, 1969, al extremo que ambos gobiernos le habían suministrado grandes cantidades de armas, recursos económicos y entrenamiento militar a sus soldados

Esta alianza no impidió que Moscú y La Habana estrecharan lazos con el nuevo gobernante de Etiopía, Haile Marian, cuando este se declaró socialista marxista.

Cuando se presentó el conflicto somalo-etíope por la ocupación de Somalia de la región de Ogaden, Cuba y la URSS respaldaron al régimen Etíope, porque este demostró estar más comprometido con los proyectos que estos países desarrollaban en África.

Estas traiciones se repitieron en las relaciones del gobierno de Cuba con sus pares africanos. La Habana había apoyado militarmente a los rebeldes de Eritrea que luchaban por la independencia de esa región de Etiopía, pero cuando Fidel Castro decidió apoyar por mandato de la URSS a nuevo régimen de Addis Abeba, traicionó a los insurgentes del Frente de Liberación de

---

51. Fuerzas militares cubanas estuvieron acantonadas en Etiopia hasta el número de 12,000 efectivos. En esa misma comparecencia Fidel Castro admitió que Cuba tuvo en Angola 36,000 soldados.
El País. 9 de febrero de1989.
52. Mengistu Haile Marian se apropia del poder al desplazar al líder del golpe militar contra el emperador Haile Selassie, el general. Aman Amdon.
53. Siad Barre suscribió una alianza militar con la URSS, entregándole el puerto de Berbera, que se convirtió en la primera base naval soviética en África, en consecuencia el gobierno cubano se convirtió en un firme aliado de Somalia enviándole armas y militares para fortalecer sus fuerzas armadas y el rescate de la región de Ogaden que estaba bajo control etíope.

Eritrea[54], que luchaban por la independencia.

La operación cubana en este país se denominó "Baraguá" y en número de soldados y oficiales, fue la segunda más importante después de la de Angola.

En 1977[55] Cuba determinó enviar tropas a Etiopía como consecuencia del conflicto bélico que sostenía con Somalia, que había ocupado el territorio etíope de Ogaden.

A finales de noviembre de 1977 según informes fueron enviados al país 17 mil soldados cubanos. Entre las fuerzas iban brigadas de combate que habían luchado en Angola bajo el mando del general Arnaldo Ochoa.

Castro aportaba la carne de cañón y la Unión Soviética decenas de aviones y cientos de tanques y carros blindados. "Acompañando al ejército regular etíope, entrenado de prisa por especialistas cubanos, se alineó un contingente compuesto por 30.000 cubanos enviados desde Angola o recién reclutados en la isla, 4.000 soviéticos y 2.000 búlgaros, húngaros y alemanes del este".

Para hacer efectiva la victoria los soviéticos desplazaron hasta el frente carros blindados, cazas Mig-21 y artillería de largo alcance.

Hasta un satélite envió el Kremlin al espacio con el fin de cubrir la operación desde más allá de la atmósfera.

Las contiendas del África postcolonial no se han caracterizado desde luego por hacer prisioneros ni por el trato respetuoso a la población civil víctima de la guerra, pero en el Ogadén se combinaron las mortíferas e inmisericordes artes bélicas africanas, con la tecnología soviética del momento.

Los bombardeos cubano-soviéticos sobre las ciudades del norte de Somalia, provocaron el exilio masivo de aproximadamente un millón de personas".[56]

---

54. En Cuba se entrenaron guerrilleros del Frente Nacional de Eritrea cuando Etiopía era gobernada por Haile Selassie.
55. Un año antes el gobierno de Estados Unidos le facilitó a l dictador Marian aviones F5E y otros cien millones de dólares en ayuda militar.
56. Mengistu, la sangrienta vía etíope al socialismo. Fernando Díaz Villanueva.

Guinea-Bissau

Amílcar Cabral, líder del Partido Africano para la Independencia, un tiempo después cambió el nombre de la organización al de Partido Africano para la Independencia de Guinea y Cabo Verde (PAIGC).

Cabral se inició en la lucha armada en 1962, a finales de 1964 conoció a Ernesto Guevara a quien le solicitó instructores militares y pertrechos bélicos.

Los militares cubanos instruyeron a los guineanos en el uso de la artillería de fabricación soviética y en el de minas antipersonales.[57]

Ulises Estrada Lescaille, oficial de la inteligencia cubana uno de los funcionarios más vinculados en el respaldo a los denominados movimientos de liberación nacional, refiere "el comandante Manuel Piñeiro me asignó la misión de llevar en abril de 1966, en la motonave cubana Uvero, la ayuda solicitada por Amílcar y otras prometidas por el "Che" Guevara a diferentes movimientos de liberación nacional".[58]

Paralelamente se unieron al PAIGC[59] los primeros médicos junto a los asesores militares cubanos. Los médicos atendían a las fuerzas insurgentes.

Miembros de las fuerzas armadas de Cuba participaron en el primer combate contra el ejército portugués el primero de mayo de ese año, cuenta uno de aquellos militares, "me uno a las guerrillas comandadas por Domingo Ramos, comisario político del PAIGC, en la primera operación militar de envergadura en la que participan los instructores militares cubanos, bajo el principio de convertir el combate en una escuela".

---

57. El gobierno de Cuba es el único de América Latina que tenga minas antipersonales situadas en su propio territorio. El gobierno cubano no ha suscrito el acuerdo internacional que prohíbe las minas anti personas ni dejado de fabricarla.
58. Ulises Estrada Lescaille. Recordando A Amilcar Cabral.
59. Refiere Víctor Dreke, en de la Sierra del Escambray al Congo que el aliado más firme de Amílcar Cabral era Sekoú Touré gobernante de la Republica de Guinea., a cuyo régimen el gobierno de Cuba ayudó entrenando a las milicias de su partido.

Los cubanos continuaron combatiendo junto al PAIGC en numerosas acciones militares. La intervención cubana en Guinea-Bissau fue la segunda más prolongada después de la de Angola, ya que envió sus primeros efectivos militares a ese país en 1966. En Guinea Bissau llegaron a combatir 437 cubanos, de los cuales murieron nueve. Posteriormente la cifra se elevó a 51 militares cubanos muertos en ese país.[60]

Mozambique.

El Frente de Liberación de Mozambique fue una de las organizaciones que luchó en ese país por la independencia de Portugal. El proceso se inició en 1964 y concluyó once años más tarde.

El FRELIMO, una coalición que agrupó varias organizaciones de exiliados se constituyó en Dar es Salaam, la capital de Tanzania y estuvo dirigida por Eduardo Mondlane quien fue sustituido por Samora Machel, quien rápidamente demandó para la lucha insurreccional el apoyo de la Unión Soviética y de la República Popular China.

El gobierno cubano apoyó ampliamente a este grupo, enviándoles armas y prestándole asistencia en otras actividades asociadas o derivadas del conflicto.

A territorio rebelde mozambiqueño entraron clandestinamente un cargamento de cohetes de 122 mm. con asesores procedentes de Cuba, la República Democrática Alemana y la URRS.

Cuando Mozambique accedió a la independencia permanecieron en el país varios cientos de asesores militares cubanos para prestarle asistencia al gobierno de Samora Machel.

---

60. Juventud Rebelde. Mayo 29, 2007

GRUPO DE VOLUNTARIOS CUBANOS LIBRES.
Breve Historia de la Operación Makasi en el Congo Belga.

La República del Congo, Leopoldville, fue una colonia de Bélgica desde 1882 hasta 1960.

Al momento de recibir su independencia, su Primer Ministro, Patricie Emery Lumumba adoptó una posición nacionalista y de izquierda extrema.

El Congo posee recursos naturales que incluyen diamantes y uranio 264. Este último es vital para la producción de armas atómicas y fue lo que situó al Congo en el centro de la Guerra Fría.

La Unión Soviética, los Estados Unidos y la República Popular China se involucraron en una lucha por el control del Congo y una rebelión apoyada por los comunistas se desató a finales de 1962.

El Congo produjo en 1963 la mitad de la producción mundial de uranio.

Cubanos voluntarios, en su mayor parte veteranos de la invasión de Bahía de Cochinos del 17 de abril de 1961, ansiosos por continuar luchando contra el avance del comunismo fueron reclutados por la Agencia Central de Inteligencia, CIA, bajo un plan auspiciado por el gobierno de los Estados Unidos de proveer una fuerza aérea al Armeé Nationale Congolaise, Ejército del Congo, y prestarle ayuda en su lucha contra los rebeldes comunistas.

El reclutamiento de los cubanos exiliados comenzó en noviembre de 1962 y continuó hasta 1965, y consistió en el reclutamiento de pilotos y mecánicos, comandos y marinos.

La participación de los cubanos exiliados fue un marcado éxito en la Guerra Fría y trajo un sentido orgullo para la Agencia Central de Inteligencia y para ellos.

Este valiente esfuerzo ha sido ignorado por todas las administraciones del gobierno de los Estados Unidos y de la prensa en general.

Después de 1965 cuando finalizó la operación, los Cubanos Exiliados Voluntarios, fueron enviados a sus hogares sin el reconocimiento adecuado a su efectiva contribución a la eventual victoria de la Guerra Fría y a mantener la Seguridad Nacional de los Estados Unidos de América.

Los Estados Unidos de América jamás se han hecho eco de ellos ni les han otorgado el reconocimiento y apreciación como ha sido costumbre con los veteranos de sus tantas otras guerras.

Capitanes. Luis Ardois y Amado Cantillo.

MAKASI. NAVY. SWIFT BOATS

Embarcaciones operadas por cubanos en el lago Tanganica.

MONTY	GITANA
CHÁVEZ, RICARDO	ARCE, REMIGIO
CEPERO, SERAPIO	BRINGAS, GENEROSO
ÁLVAREZ, ANAEL	BORGES, DOMINGO
CAO, ROBERTO	SÁNCHEZ, ANDRÉS
TOLEDO, FÉLIX	FERNÁNDEZ, LUIS
ARROYO, JORGE	REYES, EULOGIO
SALCEDO, JUSTO	RAMÍREZ, PEDRO
HERNÁNDEZ, GUMERCINDO	

Técnico de Radar y Radio. Roberto Pichardo[61]

---

61. Información suministrada por Roberto Pichardo.3-22-14.

Capítulo III

Cubanos Libres en el Congo Belga

La presencia de militares cubanos en el Congo para entrenar y combatir al gobierno de ese país, fue en cierta medida contrarrestada con una expedición compuesta por cubanos que en su mayoría residían en Miami y que viajaron al país africano para luchar contra la misma ideología que habían enfrentado en su país natal.

Muchos de estos hombres habían pertenecido a la Brigada expedicionaria 2506 que había desembarcado en Cuba en abril de 1961, otros habían estado alzados en armas contra la dictadura de los Castro o luchado en la clandestinidad, tampoco faltaban antiguos miembros de los equipos de infiltración que por muchos años viajaron clandestinamente a Cuba cumpliendo diferentes misiones pero con el único objetivo de derrocar el régimen comunista.

Enrique Ros en su libro antes citado señala que los primeros aviones que pilotearon los cubanos fueron T-6 que no contaban con artillería de ningún tipo, fuese para la defensa o el ataque, y que fue a fines de 1963 que los aviones fueron artillados.

Los cubanos que fueron a combatir el comunismo en el Congo sirvieron en las tres armas, infantería, marina y fuerza aérea, y fueron seleccionados porque tenían experiencia militar, en particular en el cuerpo armado en el que habían prestado sus servicios.

Testimonios.

Infantería.

Juan Tamayo.
Miembro de la Brigada de Asalto 2506.
En la operación contra los comunistas en la República del Congo, participamos en la infantería entre 18 a 20 cubanos, no te puedo precisar la cantidad.

Después de haber recibido entrenamiento militar partí para la República del Congo con varios compañeros y curiosamente el mismo día que llegamos a la base de Camina, una de las más grandes que había en ese país, tuvimos que hacer guardia porque una parte del ejército del gobierno se había sublevado porque no le habían pagado.

El primer ataque en el que participamos fue en un pueblo que se llama Bumba, fuimos por el río hasta el lugar en cuestión pero el enfrentamiento fue breve, fue como una especie de fogueo.

La operación que realizamos posteriormente fue de mayor envergadura. Hicimos el recorrido en varios jeeps que estaban identificados con una gran tela roja para que la aviación nuestra no nos confundiera con los rebeldes, en mi caso me pusieron una pañoleta roja para ser identificado, te imaginas para gente como nosotros enemigos del comunismo que nos pusieran esa identificación.

En la marcha hacia el objetivo fuimos emboscados en varias oportunidades por los guerrilleros y tuvimos varias bajas.

Rip[62], que era el jefe de nosotros, fue herido de un tiro en la cabeza, también hirieron a Ricardo Morales Navarrete, en la espalda, a Andrés Romero y Alberto Pérez, gente muy valiente y dedicada.

---

62. Su verdadero nombre era William Robertson. Rip fue quien entrenó a los hombres ranas de la Brigada de Asalto 2506. Arribo al Congo junto al grupo de infantería cubana en 1964.

Quiero hacer notar algo que siempre me llamó la atención, que mientras los rebeldes tenían el fusil belga FAL, las armas nuestras eran de la Segunda Guerra Mundial, fusiles Garands en su mayoría. Eso sí, teníamos unas ametralladoras calibre 30 de la segunda guerra, pero que eran muy buenas.

Los rebeldes comunistas de Pierre Mulele[63] habían ocupado a Stanleyville por un tiempo, pero el gobierno montó una ofensiva en su contra en la que participaron comandos de paracaidistas belgas.

Al parecer los insurgentes Simba[64] en su huída encontraron una misión, era el kilómetro ocho o diez y ocho, no recuerdo bien, el resultado fue que ocuparon la misión y secuestraron a todas las personas que allí estaban incluido las mujeres y niños y hasta habían matado a uno de los misioneros, su cadáver estaba tirado en el piso.

Cuando llegamos allí nos impresionamos mucho porque la mayoría eran mujeres y niños, incluso algunos de ellos que han sobrevivido el paso de los años después de vivir en el exterior por un tiempo, han regresado al Congo, lo que en mi opinión requiere un valor fuera de lo común.

Pero regresando al enfrentamiento con los rebeldes le puedo decir que fue muy fuerte. Recuerdo todavía impresionado que yo

---

63. En 1959, participa en la fundación del Partido de Solidaridad Africana. (P.S.A.), siendo elegido Secretario General. En 1960, es nombrado Ministro de Educación del primer gobierno de la independencia que dirige Patricio Lumumba. Tras el asesinato de éste abandona el gobierno y en marzo de 1962 se traslada a China donde permanece durante una larga estancia. En 1963, reaparece en el Congo para ponerse al frente de la que consideraba, como la segunda guerra de independencia del país, la revolución socialista. Su asociación con la guerrilla "Simba", carente de ideología, y las matanzas indiscriminadas de la población y la toma de misioneros europeos como rehenes, crearon un clima desfavorable a su lucha. Prácticamente sin combates, el gobierno revolucionario establecido el 4 de agosto de 1964 en Kisangani controlaba el 50% del país y establecía la República Popular del Congo. En septiembre de 1968, considerando que la guerra de la guerrilla no había logrado sus objetivos, Mulele decide dejar el maquis y acepta las promesas de José Mobutu para volver a Kinshasa. Es asesinado brutalmente un mes más tarde.
64. La rebelión simba (león en idioma swahili) comenzó en Kivu en mayo de 1964, se extendió a Katanga, Oriental y Ecuador y estaba integrada por seguidores del desaparecido Patricio Lumumba.

disparaba una ametralladora con una niña entre mis piernas y que tenía que cubrirle la carita con la otra mano para que los casquillos que expelía mi arma no cayeran sobre su cara, considero que aquella muchachita debe estar sorda si todavía vive. Estoy seguro que la niña no llegaba al año.

De ese combate tengo muchos recuerdos, uno de ellos de un muchacho de unos catorce años, muy corajudo, que nos ayudaba a recargar nuestras armas porque en verdad el enemigo nos superaba en número y la situación era muy peligrosa. Ese muchacho, hoy un hombre, vive en Santo Domingo y hasta nos vino a ver hace unos años.

Como verán logramos rescatar a los misioneros, pudimos evacuarlos y regresamos con ellos a nuestra base.

También cumplimos otras misiones como era servir de observadores en nuestros aviones. Volábamos de pasajeros en los aviones para observar los movimientos que se podían producir en la zona que ocupaban los rebeldes.

Y para terminar quiero decir que la mayoría de nosotros fuimos voluntariamente a luchar contra el comunismo, nadie nos obligó a hacerlo.

Pedro López.

Fue miembro de la Policía Nacional. Participó en la lucha clandestina contra el castro comunismo, integró las unidades guerrilleras de la zona norte de Las Villas y Camagüey. Formó parte de los equipos de infiltración que atacaron los intereses cubanos.

Como les dije, formaba parte de los equipos de infiltración a Cuba cuando una mañana me llama el americano que era nuestro contacto y me dice "Pedro, tienes mañana una entrevista" y por supuesto salí para el lugar que me había indicado que era por la US1.

Fuimos juntos Raymundo Martínez y yo, pero del resto de la gente solo conocía a Andrés Romero, porque parece que eran de otros grupos de los equipos de infiltración.

Después de ese primer encuentro nos condujeron para un campamento ubicado en el norte del país, cerca de Washington, allí nos pusieron películas, nos dieron información y nos advirtieron que la misión era muy peligrosa. Después de esto nos dijeras que íbamos para el Congo.

Los 19 hombres que integrábamos la infantería partimos juntos para Leopolville, de allí seguimos para Camina donde hicieron varios grupos que fueron asignados a diferentes lugares.

A mí me correspondió ir para Lisala, donde recuerdo que en esos días llegó un periodista de la revista Life.

Nuestras primeras tareas fue hacer labores de patrulla, explorar el terreno hasta que un día nos asignaron la primera misión que consistía en atacar y ocupar el pueblecito de Bumba, que estaba antes de Stanleyville.

Recuerdo que en una ocasión participé en la búsqueda de un avión C46 que había tenido que hacer una aterrizaje forzoso en plena selva porque se le había rajado un dinamo.

El avión, un B-26, lo tripulaba Gastón Bernal, durante un tiempo estuvimos buscando el C-46 hasta que lo descubrimos pero nos mantuvimos sobrevolando la zona hasta que llegó por tierra un grupo de comando que había ido al rescate de los tripulantes de la nave que estaba en tierra.

Nos trasladamos al lugar vía el río Congo en una chalupa porque realmente aquello no era una lancha, el viaje duró unas ocho horas.

El jefe de la misión no era Ripa, sino otro americano que no recuerdo su nombre pero que era de Texas, el práctico era un sudafricano que conocía la región, también por tierra iba otro grupo comandado por Rip, el americano que era jefe de toda la operación.

Fuimos varios cubanos, entre ellos Fotingo Silva, Rivero que murió hace poco tiempo, otro al que le decíamos Gatillo Alegre, en total cinco o seis, pero no recuerdo más nombres.

La operación fue muy rápida, si acaso dos horas, a partir del momento que llegamos al muelle. Hubo intensos tiroteos. La gente se lanzó al agua y siguieron los tiros, al interior del pueblo también se produjeron fuertes tiroteos.

Las tropas que habían ido por tierra ingresaron al poblado pero a nosotros no se nos permitió entrar por orden expresa de Rip, ya que la misión nuestra era rescatar en Stanleville a un grupo de misioneros que estaban secuestrados por los guerrilleros comunistas.

El asunto es que nos subieron a un camión para partir hacia Staleyville, pero a fin de cuentas no fui a combatir a esa ciudad porque llegó un individuo que ordenó que nos bajarnos Raymundo Martínez y yo.

Unos días más tarde regresé a Estados Unidos, le digo que los cubanos fuimos juntos, pero regresamos en diferentes vuelos.

Ángel Benítez.

Formó parte de Directorio Revolucionario Estudiantil en la lucha contra el Totalitarismo. Fue miembro de los equipos de infiltración que enfrentaron al régimen cubano.

Fuimos 19 los cubanos que viajamos al Congo para combatir a los comunistas y si cuento al estadounidense que nos comandaba pues éramos veinte, el americano jefe nuestro era un hombre de mucha experiencia militar y se llamaba Williams Rip Robertson.

Quiero aclarar que en el Congo había mercenarios, pero nosotros no formamos parte de ese grupo, éramos una unidad que estaba bajo el mando directo de los americanos, para hacer los trabajos que eran de interés de Estados Unidos.

Recuerdo que un día nos llamaron y nos platearon, la reunión fue en un motelito en la calle US-1, recuerdo que aquel hombre apenas hablaba español porque nos preguntó que si el grupo estaba dispuesto a realizar una misión a " milos y milos de millas" para combatir el comunismo.

Todos asentimos positivamente. No hubo dudas. Poco después partimos rumbo al Congo ignorando nuestro destino, el vuelo era muy largo, muchas horas en el aire y me busqué un problema por hacer un comentario al respecto, porque mi padre tenía la costumbre de decir "esto es más lejos que el Congo Belga" y yo repetí sus palabras en el avión y un americano se erizó porque al parecer que pensó que yo estaba al tanto de nuestro destino y me llamó a la cabina, me pidió explicación de porque había dicho eso y cuando le conté lo que lo motivó nos echamos a reír los dos.

Cuando llegamos al Congo nos dividieron en tres grupos, la base inicial fue Camina donde permaneció una parte del grupo principal, el resto fuimos enviado a Lisala y Bukavo, en ese grupo fue del que formé parte.

Supuestamente la labor nuestra era dar seguridad a los pilotos pero en realidad el plan era otro, que era ignorado por nosotros.

La operación que nos asignaron, si mal no recuerdo fue el día 21 o 22 y consistía en realizar una de misión de rescate porque Pierre Mulele, líder de los guerrilleros, había tomado el consulado de Estados Unidos en la ciudad de Stanleyville y había secuestrado a todo el personal, incluido el médico del consulado y su familia.

Mulele había trasladado fuera de la ciudad a todos los rehenes en la confianza que al tenerlos bajo control nosotros no lo atacaríamos, pero estaba equivocado porque el grupo había sido entrenado específicamente para rescatar a los rehenes.

El jefe guerrillero movía a los secuestrado de un lugar a otro de manera constante.

Recuerdo que salimos en caravana. Viajé en la última parte de la caravana que estaba compuesta por varios vehículo y eso fue planeado con toda intención, porque la misión que como dije antes nos habían asignado, era el rescate de los americanos secuestrados.

La caravana estaba compuesta por miembros del Ejército Nacional Congolés, mercenarios sudafricanos y nosotros que íbamos a la retaguardia.

Nosotros íbamos en tres vehículos dos jeeps y una camioneta que tenía en su parte trasera una ametralladora que la operaba el Ricardo "Mono" Morales Navarrete, esa ametralladora estaba ahí para que cuando la caravana siguiera su ruta y nos separáramos, poder defendernos si éramos atacados por la retaguardia por los enemigos que estaba en la selva.

Le digo que nos separamos cuando llegó el momento y fuimos a cumplir la misión que nos había sido asignada, solo tuvimos dos bajas, Morales Navarrete que fue herido en la espalda por esquirlas y Alberto Pérez que recibió un balazo en el estomago y eso ocurrió cuando retornábamos de rescatar a los misioneros en una segunda misión que no estaba programada.

Muchos de los funcionarios del Consulado de Estados Unidos que estaban de rehenes habían logrado escaparse de la misión donde los tenían secuestrado.

La situación era que en ese momento se habían tirado en Stanleyville los paracaidistas belgas y entrado la infantería a la ciudad y los Simbas estaban huyendo lo que permitió que muchos de los secuestrados pudieran huir, así que el rescate fue sin grandes enfrentamientos, hubo tiros de ambas partes pero no se puede decir que se sostuviera un combate en forma.

Concluido esto partimos para Stanleyville donde ya se habían tirado 2000 mil paracaidista belgas con éxito y también habían entrado a la ciudad la Guardia Nacional del Congo.

En el aire estaba un avión C-46 dando vuelta que aterrizó de inmediato, y se llevo a las personas que habíamos rescatado de los guerrilleros, nosotros permanecimos en el lugar para que nos recogieran al otro día.

En ese tiempo llegó un misionero y habló con nuestro jefe Rick, para ver si era posible que le ayudáramos a rescatar a unos misioneros que se habían quedado rezagados, detrás de la línea de combate, y que se encontraban precisamente en el lugar donde se habían situado los Simbas.

Rick le dijo que hablaría con nosotros, nos propuso la idea y todos estuvimos de acuerdo en realizar esta nueva operación. Puedo asegurarte que nos entusiasmamos, estábamos contentos y era algo muy justo lo que íbamos a realizar, porque según nos dijo Rick, el misionero le había informado que había muchas mujeres y niños en peligro.

Partimos en mi camioneta y llevamos otro vehículo que era donde llevamos las municiones. Arribamos al lugar sin mayores problemas y pudimos rescatar a los misioneros.

Allí el enfrentamiento fue más serio. Hubo más lucha que en la otra misión, porque en este lugar se estaban concentrando muchos de los guerrilleros que estaban huyendo de la ciudad.

Según nos contó un misionero el padre fue asesinado por un guerrillero simba cuando regresaba de ir a buscar agua de un pozo que había allí.

Los misioneros los llevamos en las dos camionetas en las que fuimos, te puedes imaginas como iríamos porque cuando fuimos para allá íbamos apretados y trajimos con nosotros unas diez personas que eran las que estaban en la misión.

Durante el regreso a la ciudad de Stanleyville sostuvimos varias escaramuzas con los guerrilleros que se habían quedado rezagados, en esas escaramuzas hirieron a nuestros compañeros como te dije antes.

El "Negro" Tamayo traía cargada en la camioneta una niña que temblaba constantemente y Tamayo la tapaba para que no tuviera frio, el tema es que la niña tenía miedo, no frio, porque sus padres le habían dicho que los "Simba " eran malos y ella creía que Tamayo por el color de su piel era de ese grupo, esa era la causa por la que no paraba de temblar

Comandos Navales.

Generoso Bringas.

Oficial del ejército rebelde que cuando se percató que el comunismo estaba controlando el país se incorporó a la lucha guerrillera bajo el comando del Piche Catalá que operaba en la provincia de Matanzas. Le ordenaron salir de Cuba para buscar armas y regresó a la isla en varias ocasiones fracasando en todos los intentos por reunirse con sus compañeros. Posteriormente se incorporó a unas fuerzas anticastristas que operaban en Centroamérica y que tenían como misión atacar objetivos del régimen cubano.

Mi nombre es Generoso Bringas, ciudadano cubano y orgulloso de serlo. Vivo en la ciudad de Miami hace más de cincuenta años y siempre me he sentido comprometido a luchar contra el comunismo, primero contra el que se implantó en Cuba y después con el que este avasallando a un pueblo en cualquier lugar del mundo.

Integré el grupo de cubanos que fue al Congo a luchar contra el castro comunismo, contra esa plaga maldita que azota a gran parte de la humanidad, porque el compromiso de luchar contra el comunismo lo llevamos todos nosotros en nuestros corazones, porque el comunismo es la destrucción del mundo.

Fuimos reclutados aquí en Miami. En mi caso particular, en los primeros momentos no acepté reunirme con las personas que me convocaban, aunque me llamaron en varias ocasiones, porque mi objetivo era derrocar la tiranía cubana y no quería involucrarme en otra lucha que podría alejarme del sueño de toda mi vida que es acabar con el comunismo en Cuba.

También quería estar seguro cuales eran los fines del proyecto en el que me iba a involucrar, quería tener mi conciencia tranquila que en lo que iba participar e hiciera estaba en el camino correcto.

Al final después de muchas dudas y discusiones acepté la propuesta de un amigo, Ricardo Chávez que también había estado en Centroamérica, y decidí reunirme con las personas que estaban organizando la expedición.

Debo decir que los encargados nos prometieron villas y castillas, pero lo más importante fue que nos aseguraron que si ocurría algo en Cuba mientras estuviéramos involucrados en la nueva operación seríamos todos conducidos a nuestra patria en un avión y la otra promesa fue que en caso de que no sucediera nada en Cuba, cuando retornáramos a Estados Unidos nos entregarían una lancha con dos motores completamente artilladas, más la autorización de las autoridades de operar sin limitaciones contra el comunismo que oprimía nuestra patria.

Aquello fue una gran mentira pero en nuestra desesperación por seguir luchando por Cuba creímos en las promesas de quienes ya nos habían engañado antes, en definitiva fuimos a combatir el comunismo en el Congo donde también se encontraban operando unidades militares de las fuerzas armadas castristas.

Le confieso que estoy orgulloso de haberlo hecho, aunque en esa oportunidad no combatí en Cuba, pero si cumplí con mi deber de luchar contra quienes oprimían a mi país aunque fuera en otras tierras.

Déjeme decirle y no me cansaré de repetirlo que nosotros no éramos mercenarios. Fuimos a combatir el comunismo por convicción no por algún interés material y a pesar de los años transcurridos y de los muchos años que tenemos mis compañeros y yo continuamos comprometido en la lucha por la libertad de Cuba.

Allí enfrentamos situaciones muy difíciles, gracias a Dios estamos aquí y no perdimos ningún compañero, a pesar de los muchos enfrentamientos que tuvimos con los enemigos de la libertad.

En nuestra misión en el Congo hicimos lo mejor que pudimos por causarle el mayor número de bajas a nuestros enemigos y también por dañar sus equipos y líneas de suministro.

Nos dimos cuenta que el gobierno de los Castro estaba apoyando a muchos grupos insurrectos en África, algunos eran comunistas y otros nacionalistas, pero todos estaban influenciados en alguna medidas por las ideas comunistas.

Las fuerzas del Movimiento Lumumbista, por Patricio Lumumba, tenían en el Lago Tanganica[65], una de sus principales zonas de operaciones, por allí traficaban todo tipo de armamentos y también suministraban a los grupos insurgentes que operaban en el Congo.

Las dos lanchas que utilizamos en el famoso lago Tanganica eran del tipo de las que operaban en Viet Nam, eran equipos muy buenos, maniobrables y rápidos, también tenían buena artillería.

Estas lanchas las habíamos utilizado en Centroamérica, Nicaragua y Costa Rica, donde operaban campamentos de cubanos que incursionaban contra objetivos castristas en Cuba y también contra navíos del régimen que navegaban por aguas del Caribe.

Las lanchas para ser transportadas desde Estados Unidos a El Congo fueron cortadas en cuatro secciones: "centro, popa, cabina y la parte de los motores". Recuerdo que partieron de Nueva Orleans.

Fueron trasportadas por avión al país africano. Cuando llegaron al lugar donde nosotros nos encontrábamos se inició el ensamblaje dirigido por ingenieros y especialistas de la fábrica

---

65. El lago se encuentra en el Gran Valle del Rift, y está rodeado de montañas. Es el segundo mayor lago del continente africano en superficie, aunque es el más profundo y voluminoso. Se extiende a lo largo de 673 km en dirección norte-sur y tiene como promedio unos 50 km de anchura. El lago cubre 32.900 km², con una línea de costa de 1.828 km y una profundidad media de 570 m y máxima de 1.470 m. Contiene unos 18.900 km³ de agua. La temperatura media en la superficie es de 25 °C y la acidez promedio, pH, de 8,4.La enorme profundidad y la situación tropical del lago evitan que las masas de agua se mezclen, ya que muchas de las aguas más profundas son las que se llaman "aguas fósiles" y son anóxicas (carecen de oxígeno). La zona de influencia del lago abarca 231.000 km², con dos ríos principales fluyendo en dirección al lago, junto con numerosos pequeños ríos y arroyos que provienen de las empinadas montañas; siendo el principal flujo de agua el que proviene del río Lukuga, que desemboca en el Congo. Los principales ríos son el Ruzizi, que desemboca en el norte del lago desde el lago Kivu, y el Malagarasi, el segundo mayor río de Tanzania, que desemboca en la orilla este del Tanganica. El Malagarasi existía antes que el lago Tanganica y antiguamente formaba un cauce continuo con el Congo. El lago es compartido por cuatro países: Burundi, República Democrática del Congo (RDC), Zambia y Tanzania, éste último posee la parte mayor (41%). Wikipedia.

donde habían sido construidas.

En el campamento las lanchas eran conocidas por "La Monty" y "La Gitana", los mismos nombres que le habíamos puesto en Centroamérica.

Yo fui designado como segundo al mando de la lancha número dos, La Gitana, cuyo capitán era Remigio Arce.

Llegamos a Leopoldville, después seguimos directo para otra ciudad que se llama Albertville. Nuestra zona de operaciones era en el Lago Tanganica, en otras áreas del Congo para luchar contra los comunistas habían otras unidades también integradas por cubanos.

El lago Tanganica es en realidad un mar. Tiene unas 500 millas cuadradas y cerca de 7000 pies de profundidad. Colindan con varios países y cuando salimos la primera vez a navegar con el propósito de orientarnos y conocer el área, no habíamos navegado media milla cuando nos empezaron a tirar de tierra, pero como era un primer viaje y nos acompañaba un general de las Fuerzas Armadas de Estados Unidos. Nos ordenaron regresar a la base.

Desembarcamos al oficial y regresamos al lago para terminar el recorrido y cuando llegamos a la misma zona empezaron a tirarnos con morteros y por supuesto nosotros respondimos el fuego.

Nuestra base de operaciones estaba situada en el puerto de Albertville de donde salíamos constantemente para patrullar el lago con la misión de interrumpir el suministro de armamentos y equipos bélicos para las guerrillas, que realizaban los comunistas a través de esta vía. Ellos usaban canoas y botes para transportar todo tipo de recursos para las guerrillas de El Congo.

El lago está rodeado, si no me equivoco, por unos cinco países desde donde salían con autorización o sin ella pertrechos militares destinados a los insurgentes comunistas que repito una vez más estaban apoyados por el gobierno cubano.

Los que combatimos en la parte naval éramos en total diez y seis hombres, todos cubanos, con la misión y único propósito de luchar contra el castro comunismo que era y sigue siendo nuestro objetivo de vida.

En mi unidad, "La Gitana", la tripulación estaba compuesta por Remigio Arce, capitán como dije antes, segundo al mando estaba este servidor, el resto como segundo, también integraban la tripulación, Eulogio Amado Reyes, "Papo", Andrés Sánchez, Domingo Borges, Pedro Ramírez, y "El Curucuto" Luis Fernández (EPD). En la lancha número uno estaba el Capitán, Roberto Cao, Serapio Cepero, Félix Toledo, Justo Salcedo y Anael Álvarez.

Quiero decir que en Albertville vivia un señor alemán, el tenia un hotel, y era también el propietario de un barco que según informaciones estaba en negocios con los comunistas.

Era una nave grandísima. Una patana. Él supuestamente transportaba mercancías entre los países de la región, pero como había muchas sospechas sobre sus actividades se nos ordenó claramente que lo mantuviéramos bajo vigilancia y que si lo veíamos protegiendo lanchas de los enemigos que lo atacáramos, pero la realidad es que lo detuvimos dos o tres veces en el interior del Lago y no encontramos nada.

También quiero decir, porque aquello era otra vida, otra forma de lucha, en ocasiones nos encontrábamos canoas con gente que era sospechosa pero no las atacábamos directamente. Rodeábamos aquellas canoas y empezábamos a navegar a su alrededor hasta que se volcaban, los tripulantes se tiraban al agua y muchos escapaban, nadaban como peces.

En una de las misiones, salimos a dar apoyo a una operación de desembarco, en la ensenada de Casimba, en ese lugar las dos lanchas que operábamos entraron en combate, bajo un fuego intenso de parte del enemigo y nosotros sin dejar de disparar todas nuestras armas maniobrábamos en círculo tratando de acercarnos todo lo más posible al área que en tierra ocupaban los enemigos para proteger a las tropas de tierra.

La gente de tierra estaba atacando una importante concentración de guerrillero y nosotros disparando, cuando veo que desde un punto de tierra y bajo protección, porque nadie le disparaba, una ametralladora no paraba de tirar, entonces le dije a Papo: "Papo, levanta el tiro un poquito porque desde allá nos están tirando y no se quitan de ahí, y efectivamente, ya después que dimos la vuelta esa ametralladora no contestó mas, al parecer le sirvió el remedio que Papo les envió. Después cumplimos varias rondas de tiro contra la zona que ocupaba el enemigo.

Fue un violento enfrentamiento que duró varias horas, que de mas esta decirle a mí me pareció un tiempo interminable. Terminada esta operación la lancha número dos fue retirada para nuestra base y la número uno mantuvo su tarea regular de patrullar el lago, posteriormente esta lancha sostuvo un encuentro muy fuerte con varias embarcaciones enemigas.

Al día siguiente las tropas de tierra concluyeron la operación y nos informaron que en el lugar donde estaba el campamento de los rebeldes comunistas había almacenada una gran cantidad de armas, equipos de comunicación muy avanzados, mucha medicina y lo que más nos sorprendió a todos fue que se encontraron dos millones de dólares en efectivo.

Esa gente tenía muy buenas armas, ametralladoras calibre 50 y 30, morteros, usaban mucho las minas antipersonales y fusiles ligeros automáticos modernos.

Los jefes de los insurgentes pudieron escapar, ninguno fue capturado porque al parecer tenían unas lanchas rápidas escondidas en un río que estaba algo más abajo y cuando la situación se les puso mala, escaparon, abandonando a sus hombres.

Posteriormente nos entregaron una lista con el nombre de ciento tres individuos que supuestamente eran instructores o dirigentes de los guerrilleros africanos, en esta lista de ciento tres, noventa y siete eran cubanos. También había japoneses.

Quiero agregar algo aquellos indígenas tenían sus dientes muy afilados. El filo de sus dentadura era superior al de una hoja de afeitar, no tengo dudas que si te daban una mordida que llegara al hueso te lo trozaban. Eran increíbles aquellos dientes. Te hacían pensar en los caníbales, que dicho sea de paso en aquella región había tribus de caníbales y hay anécdotas muy dolorosas al respecto.

En alguna que otra ocasión hicimos prisioneros. Capturábamos guerrilleros pero la orden que se nos había dado era que se los entregáramos cuando llegáramos a puerto, a las fuerzas regulares.

También quiero decir que los jefes de aquellos hombres los preparaban para el combate de una manera muy especial.

El brujo de la tribu y el jefe de la tribu, eran preparados por los instructores comunistas para que le dijeran a los guerrilleros que después que bebieran un brebaje mágico ellos podían combatir sin miedo a morir bajo el grito de " Mai mulele", porque las balas de los enemigos se convertirían en agua.

Para demostrar la seguridad que les daba el brebaje colocaban a los guerrilleros en una gran fila después que bebían el liquido, situaban frente a ellos una o dos ametralladoras con balas de salva y les disparaban. Naturalmente aquellos infelices al ver que ninguno de ellos caía se creían el cuento de la inmortalidad.

También le decían que si en combate era muerto o herido uno de ellos era porque la noche anterior habían cometido algún pecado, por eso cuando un batallón de rebeldes atacaba un poblado los ocupaban con extrema facilidad, pero los soldados del gobierrno tenían también tanta ignorancia que ellos les disparaban a los rebeldes y si veían que no caían, también se creían el cuento del brebaje y salían huyendo.[66]

También tengo otra anécdota muy penosa. Nos encontrábamos varios compañeros en una de las puntas de la ensenada de Casimba, creo que así se llamaba el lugar, y vimos un avión que desde muy alto se tiró en picada pero no lo vimos subir de nuevo los que nos impresionó negativamente a todos.

Partimos para el lugar que suponíamos estaba el avión y solo encontramos sus restos, solo recuperamos el casco partido del piloto, la caja de los controles, cartas de navegación y una rueda.

Un tiempo después supimos que quien piloteaba aquel avión era un alemán.

Nos dijeron que al parecer el piloto había visto desde la alturas un bulto de hierba y lo confundió con embarcaciones enemigas. En ese río se van acoplando grandes cantidades de hierbas,

---

66. El general del ejército cubano Harry Villegas coincide con Bringas sobre lo supersticiosos que eran los militantes congoleses. Dice Villegas en Haciendo Historias que le planteaban a los insurgentes abrir una trinchera y que estos respondían que no se meterían en esos lugares porque los huecos eran para los muertos.

restos de madera y otras cosas y tanto en el radar como visualmente, se pueden confundir con una embarcación.

Por supuesto que no todo era pelea o exploración de territorios. En una ocasión estábamos reunidos compartiendo en el hotel en el que nos quedábamos y llegó una negra muy tiposa diciendo, "Yambo Juana" que es el saludo de ellos y todos saludamos y cuando ella vio que el negro Papo hablaba español y se dio cuenta que no era congolés se lo quería llevar. Papo estaba colorado, eso no se nos olvida.

En conclusión quiero decir que cuando nosotros llegamos al Congo el país estaba tomado casi por completo por las guerrillas comunistas. Nos dieron la misión de interrumpir el suministro de las guerrillas y lo logramos. Nos pasábamos las semanas completas navegando en busca del enemigo, cumplimos siempre con nuestro deber y les repito si Dios me da la oportunidad y tengo salud, iría a combatir de nuevo el comunismo en cualquier parte.

Félix Toledo.
Integró las unidades cubanas que se incorporaron a las Fuer-
zas Armadas de Estados Unidos en 1962, durante la Crisis de
los Misiles. Posteriormente se sumó a los grupos navales que
desde Centroamérica atacaban objetivos castristas en las costas
cubanas o altamar.
Fui uno del grupo de cubanos que viajamos al África, para
tripular las lanchas que operarían en el lago Tanganica contra los
comunistas que tenían el auspicio del gobierno de Cuba y de la
Unión Soviética.

Como dijo uno de mis compañeros anteriormente, el factor
clave que nos motivó para viajar al Congo fueron las promesas
que nos hicieron de que cuando termináramos la misión nos iban
a ayudar en la lucha contra el castrismos.

Yo era un soldado más y al principio no sabía quiénes eran algunas de las personas que podían estar dirigiendo a nuestros enemigos, pero los que nos comandaban a nosotros, si sabían a
ciencia cierta que en el área en la que estábamos los jefes de los
guerrilleros comunistas eran oficiales cubanos y no descarto que
supieran por sus nombres quienes eran los cubanos que estaban
al mando de la operación en la parte enemiga.

Cómo sabemos Ernesto Guevara, operó en estos territorios
junto con otros altos oficiales del régimen cubano, entre ellos
Víctor Dreke. Ellos avituallaron y entrenaron a las fuerzas africanas[67] para que impusieran en sus países gobiernos como el de
Cuba.

Por eso nosotros los estábamos combatiendo con todo lo que
teníamos y afincados en el derecho que tenemos de defender el

---

67. Las operaciones se desarrollaron en el Congo Oriental. Desde Aba y Watsa a Al-
bertvilley Moba en el sur a lo largo de los lagos Albert, Edward y Tanganica. Por esta
zona entraban los suministros militares procedentes de China y la Unión Soviética.
Zona fronteriza con Sudan, Uganda y Tanzania. Esta fue la zona por donde entró Guevara con sus hombres al Congo Belga. Enrique Ros. Obra citada.

internacionalismo democrático, porque si aquellos de allá, son internacionalistas para sus cosas, nosotros también estábamos defendiendo internacionalmente nuestras ideas.

Llegué alrededor del mes de noviembre y participé en varias operaciones, derivadas de nuestra misión principal que era patrullar el lago para impedir que ingresaran al Congo armas y más guerrilleros.

También en ocasiones nos ordenaban atacar blancos en tierra firme, eso ocurría cuando nuestras unidades de tierra iban a hacer alguna operación.

Ya uno de mis compañero hablo de este ataque pero quisiera recordar que había un almacén grande, una edificación enorme que a distancia se veía y sobre ese edificio había ametralladoras, pero el fuego nuestro con ese edificio fue tan intenso que prácticamente cortamos con balas aquel edificio porque se cayo completo.

Participé en varias operaciones en el Lago pero realmente me impresionó una en particular. En esta época teníamos pleno conocimiento de que en el bando enemigo había soldados y oficiales cubanos. Aunque no sabíamos exactamente quienes eran, pero si sabíamos que había cubanos.

Fue en un enfrentamiento que sostuvimos con cinco lanchas enemigas relativamente cerca a la base en la que operábamos. Detectamos las lanchas enemigas por el radar y de inmediato las atacamos, después de habernos convencidos de que no eran montañas de arbustos que se hacían en el lago..

El combate empezó en horas temprana de la noche, duró cerca de dos horas. Fue a corta distancia, con fuego rasante de ambas partes. Una cosa a destacar es que solo combatieron cuatro de las cinco embarcaciones enemigas, la quinta lancha se fue alejando de la zona de combate lo que nos hizo pensar después que en esa lancha se transportaban personas importantes.

Esa lancha se situó detrás de la nuestra sin disparar. Una vez hizo fuego contra nuestra lancha, pero enseguida puso rumbo a Tanzania que era su santuario.

Les ganamos el combate, los derrotamos, porque llegó un

momento que fueron dejando prácticamente de combatir, quizás por falta de municiones o por las bajas que habían tenido, o por lo que fuera. Dos de las lanchas enemigas habían desaparecido del radar por lo que concluimos que habían sido hundidas y las otras dos estaban sal pairo, o sea fuera de combate.

Cuatro de las cinco lanchas se nos enfrentaron y pelearon fuerte, decir lo contrario, es decir mentiras. Los tipos se fajaron bien duro, lo que sirve para indicar también que estaban protegiendo a personalidades importantes.

Nosotros también teníamos problemas, porque el fuego del otro lado, como dije antes, también era intenso. Tuvimos un herido, el artillero de proa, dificultades con la comunicación, nuestra nave estaba averiada y algunas de nuestras ametralladoras se quedaron sin balas.

Después supimos que en la lancha que había abandonado el combate iban militares cubanos y se da por sentado que posiblemente transportaba a los comandantes del ejército cubano Guevara y Dreke.

Por nuestra parte fuimos saliendo del área lo más discretamente posible, mientras la quinta lancha se acercaba a territorio de Tanzania[68], no la perseguimos porque nuestra embarcación no estaba en condiciones para hacerlo.

Por informaciones posteriores y los individuos que han desertado del régimen cubano y por otras informaciones a las que hemos tenido acceso se fueron conociendo más detalles sobre esas operaciones y la participación de las fuerzas cubanas en África.

Por mi parte puedo decir que tengo casi la certeza que en esa oportunidad quienes estaban en la lancha que no presentó combate estaba Ernesto Guevara[69], o algún ayudante próximo a este

---

68.Tanzania estaba gobernada por Julios Nyerere, primer presidente de ese país, cargo que ejerció por 25 años.

69. Según el general cubano Harry Villegas, estuvo en el Congo, el único blanco entre los militares cubanos que operaron en ese país fue Ernesto Guevara. con un enlace de nombre José María Martínez Tamayo."Papi". También blanco. Según Villegas fue una táctica para evitar problemas raciales con los grupos insurgentes.

individuo.

Una anécdota inolvidable que tiene su toque de humor, es que fuimos blancos de lo que llaman fuego amigo.

En una ocasión estábamos en territorio enemigo, con los motores apagados y conversando cuando de pronto cayeron dos obuses de mortero a nuestro lado, arrancamos los motores e hicimos fuego.

Después se nos informó que un oficial del Quinto Batallón había ordenado disparar porque nos había confundido con el enemigo.

Les quiero contar que en varias ocasiones hicimos prisioneros que habían sido capturados después de haber sostenido combate contra nosotros o sin haber combatido.

Los prisioneros eran entregados en la base a las fuerzas gubernamentales congolesas, pero te digo algo curioso, en varias ocasiones esos prisioneros los vimos en las calles de Stanleyville, por lo que al parecer su prisión había sido breve o era una situación a la que las autoridades le prestaban poca importancia.

Sobre las relaciones nuestras con los nativos puedo decirles que eran buenas. La gente que allí vivía en su mayoría eran negros, ellos no nos consideraban enemigos y en cierta medida creo que esa gente estaba contentas con nuestra presencia porque el mundo de ellos se puso bocarriba cuando se inició la insurgencia comunista y al parecer consideraban que nuestra presencia traía algo de tranquilidad.

Quiero agregar que algunos de ellos trabajaban con nosotros en la bases y hacían ciertas labores y nunca tuvimos problemas con ellos.

Roberto Pichardo.

Miembro de la Brigada 2506. Prestó servicios como especialista en sistemas de radar. Posteriormente se incorporó a unas fuerzas anticastristas que operaban en Centroamérica y que tenían como misión atacar objetivos del régimen cubano.

Fui uno más de los cubanos que dejó con mucho dolor y pena la familia y la casa para incorporarme a la lucha contra el comunismo internacional.

Me involucré de forma muy sencilla. Un grupo de amigos me habló de la misión de ir a pelear al África, contra el comunismo internacional, recién habíamos terminado unas operaciones en Centroamérica en las que habíamos usado las lanchas que después fueron las que teníamos en el Lago Tanganica en África.

Soy técnico en electrónica y en radar y a finales de 1965 partí rumbo al Congo junto a otros compatriotas para cumplir en otro país la misión que me había impuesto de luchar contra los comunistas.

Llegue al Congo, en particular al Lago Tanganica dos meses antes de la Navidad del año de 1965 junto a un grupo de cubanos con los que compartía el compromiso de enfrentar a los enemigos de mi país en cualquier parte del mundo. Permanecimos en El Congo unos seis meses, entre la llegada y la partida.

Mi misión era mantener en óptimas condiciones la comunicación entre las lanchas y la base, que estaba situada en las proximidades de la ciudad de Albertville, nuestras comunicaciones eran en HF y también teníamos otras frecuencias, un punto importante, teníamos horas específicas para hacer contacto, las comunicaciones no eran todo el tiempo, si ocurría algo por lo regular nos enterábamos al otro día. Otra de mis labores era coordinar el suministro y todas las actividades extra operacionales de los expedicionarios.

También me ocupaba de los problemas técnicos del barco Kivu, que estaba anclado en Lago. El Kibu, era el lugar donde radicaba el Quinto Comando que era la unidad que coordinaba actividades militares con nosotros.

A mí me habían comentado que Ernesto Guevara, junto con otros oficiales cubanos, estaban fomentando unos campamentos en varias regiones africanas para desarrollar la subversión y la insurrección en varios países con el fin de imponer su régimen totalitario e incautar las riquezas de esos países para la Unión Soviética y Cuba.

Recordemos que en esas zonas, en los países alrededor del Lago Tanganica, es un área muy rica, poseen petróleo, diamante, oro y muchos más, pero también un material estratégico muy cotizado en estos tiempos, el uranio.

Como técnico en electrónica y especialista en equipos de pulso, radar específicamente, y comunicaciones en general tenía que tener todos los equipos en óptimas condiciones, tanto los de tierra como los de las lanchas. Nos comunicábamos criptográficamente.

Las lanchas tenían un servicio de comunicación permanente en particular cuando estaban de patrullaje. Cuando una lancha salía a operaciones que era por varios días, se cruzaba en el lago con la otra que venía de regreso a la base donde eran minuciosamente inspeccionadas para mantenerlas en perfectas condiciones de combate. Las lanchas operaban de noche y de día; lo que les permitía operar de noche sin problemas era el equipo de radar que cada una tenía.

Quiero agregar que en ocasiones había tempestades sobre el lago y los compañeros me contaban que la situación podía verse mala, por suerte no tuvimos ningún percance por culpa de esas tormentas en el lago.

Mira, ahora que se habla mucho de fuego amigo te voy a contar una anécdota. En una ocasión una de nuestras lanchas fue atacada con morteros y tuvieron que arrancar con los motores en frio lo que los averió. Siempre creímos que había sido el enemigo, pero con el tiempo nos enteramos que lo más probable es que el incidente fue protagonizado por gente nuestra que confundió la lancha con una del enemigo.

Las lanchas yo las rebauticé en El Congo. A la Monty, le puse Lobo 1 y a la Gitana, Lobo 2 y yo era Hotel 1, esa era la manera de identificarnos en las trasmisiones sin que nos descubrieran.

Las lanchas eran muy buenas, eran modelo Swift de 50 pies con aleación de aluminio, con dos motores V-12 diesel, podían agarrar hasta 38 nudos en el lago, y eso cronometrado, nada de invento.

Además me encargaba de la logística y de la vida social de los compañeros incluido descanso, alimentación y protección. Salí algunas veces al lago, pero pocas veces, cuando iba para participar en las prácticas de tiro.

Por mis funciones no tenía que estar en el lago, sino mantener las condiciones necesarias para cumplir de la mejor manera posible nuestra misión, que era entre otras funciones estar listos para ante una emergencia los combatientes pudieran entrar de inmediato en acción.

En nuestra área, en la ciudad de Albertville, la mayoría de los residentes eran griegos, belgas, franceses, con los que manteníamos muy buenas relaciones, era gente que tenían negocios en esa ciudad.

Ellos estaban al tanto de los motivos de nuestra presencia y tenían una idea de cuales eran nuestras obligaciones, aunque no conocían nuestras actividades en detalle.

Regularmente éramos invitados a sus residencias y festejos. La convivencia era amigable y manteníamos muchas relaciones con los comerciantes del lugar ya que era a ellos a los que les comprábamos las vituallas.

Quiero decirle que con la población nativa nunca tuvimos problemas salvo el idioma que complicaba nuestra relación con ellos, creo que fui el que más contacto sostuvo con ellos, porque tenía un cuarto en el hotel donde todos nos hospedamos, pero también ocupaba una casa que estaba en las afueras del pueblo.

Cuando se corría el rumor de que el enemigo estaba cerca entonces yo iba para el hotel que era donde estaban hospedados los asesores que eran todos estadounidenses.

Algunos de nosotros empezamos a aprender algo de swahili

que es el dialecto africano que más se habla en esa región. También quiero decirle que aproximadamente un bajo por ciento de la población nativa hablaba francés, pero como nosotros tampoco dominábamos ese idioma era muy poco lo que podíamos hacer.

Verdaderamente, nunca nos sentimos inseguros con la población nativa. Visitábamos sus comercios y nunca nos rechazaron, nos mezclábamos con ellos y siempre fue todo en base de amistad, En ningún momento nos sentimos amenazados o con temor, incluso varios de ellos nos ayudaban en nuestros quehaceres, principalmente nos ayudaban en hervir nuestros uniformes, con lo que evitábamos contraer alguna enfermedad.

Pienso que la población nativa, no estaba al tanto de lo que nosotros hacíamos. Eran gentes muy pobres, campesinos y trabajadores de fábricas propiedades de firmas extranjeras. Básicamente sus problemas eran vivir y alimentarse. No creo que estuvieran activos en la política, ni que les interesara en ninguna medida.

Yo iba con frecuencia al pueblo, entraba a sus tiendas con el objetivo de comprar cosas para la base. Nunca hablé de política con ninguno de ellos.

Hay algo que no quiero que se me olvide. En algunas ocasiones nuestras lanchas traían prisioneros, individuos que capturaban en los combates y las órdenes que teníamos en relación a los prisioneros era que se los entregáramos a la guardia congolesa de la ciudad, ahí terminaba nuestra responsabilidad con los capturados.

Eulogio Amado Reyes Morales.
Participó en el movimiento clandestino contra el castrismo en el Movimiento de Recuperación Revolucionaria. Formó parte de unidades anticastristas que operaban en Centroamérica y que tenían como misión atacar objetivos del régimen cubano.

Si bien ese es mi nombre, yo era más conocido entre mis compañeros por el apodo de "Papo".

Mi misión en el Congo fue de mecánico pero también prestaba servicios de artillero y era que las lanchas tenían una capacidad limitada para transportar personal y cada uno de nosotros tenía que hacer todo lo que pudiera.

Fui al Congo súper convencido que íbamos a pelear contra los comunistas. Por ese motivo me sentía muy feliz de la misión, porque iba a hacer una obra en favor de la humanidad, ya que estas gentes lo que han hecho es dedicarse a bandolerear, saquear y matar personas sin motivo alguno

Nosotros fuimos al África a combatir, a luchar contra el comunismo internacional, y como dije con anterioridad, me sentía feliz por la misión que realizábamos, éramos unos 16 hombres entre las dos lanchas

Fui voluntario en mi lucha contra los comunistas. Primero en mi patria, donde combatí hasta que no quedó otra alternativa que morir o emigrar.

En el exilio continué la lucha primero en el ejército, después en los campamentos de Centroamérica, bajo la dirección de Manuel Artime[70]. Ese campamento estaba en la costa Atlántica de Nicaragua, y se llamaba Monkey Point.

Cuando se terminó el proyecto de Centroamérica y de regreso a los Estados Unidos unos compañeros me dijeron que había un plan para ir a combatir a los comunistas en África. Sin titubear un

---

70. Fundador del Movimiento de Recuperación Revolucionaria. Jefe político de la Brigada Expedicionaria 2506

instante acepté y me sumé al grupo de cubanos que fuimos al Congo a pelear contra el comunismo internacional y te digo que en esta decisión tuvo mucho que ver mi padre porque él desde que yo era muy niño me decía que había que enfrentarlos.

Yo sé que este no es el tema de la entrevista pero quiero decir algo que para mí es muy importante. El hecho que la raza negra de la que soy un representante haya sido supuestamente beneficiada por el castrismo es una gran falsedad, el régimen ha manipulado muy bien la situación de los negros cubanos.

La razón de esa falacia, se está viendo ahora muy bien con el trabajo que están sufriendo todos mis compatriotas: es bochornoso, cruel, malvado, es muy duro, no se merecen tanta presión, tanta agonía por parte del régimen comunista.

De nuestras operaciones en África, quiero recordar y significar una acción.

En una ocasión salimos con la misión de tratar de localizar un cuartel general del enemigo. Esa noche, llegamos a la zona, varias millas más allá de Casilla. Los combates eran casi siempre de noche.

Cuando llegamos al lugar paramos las lanchas y abrimos fuego sobre la montaña. La que se armó allí fue de ampanga, la noche se convirtió en día, fue una situación tremenda, nosotros no esperábamos tal reacción de parte de los enemigos porque para lo que ellos estaban haciendo había que tener una capacidad de fuego descomunal.

Al amanecer del otro día, muy temprano en la mañana entró en acción la aviación y atacó fuertemente al enemigo por aire mientras nosotros lo hacíamos por tierra y aplicamos una táctica que se llama de "rueda india". Esta táctica consiste que las lanchas se mantenían navegando a alta velocidad de forma circular, cuando una lancha entraba al área de combate descargaba todo su armamento y mientras salía ingresaba la otra unidad que hacía lo mismo.

La maniobra circular era para evitar que el fuego amigo impactara en la otra lancha nuestra.

Antes de concluir quiero decir, porque no sé si mis otros compañeros lo han hecho, nuestras unidades de combate estaban equipadas con ametralladoras dobles antiaéreas calibre 50, y un cañón de 57 mm., más conocido por "recalo".

En una ocasión nos encontrábamos patrullando con las dos lanchas la parte superior de lago Tanganica cuando nos encontramos con una lancha que no se identificó y el capitán ordeno que disparáramos al aire, que decirte que nos respondieron con un fuego bien nutrido, contestamos al fuego de inmediato con todas nuestras armas y te aseguro que destruimos la otra embarcación.

El enemigo tenía muchas más lanchas que nosotros pero eran más pequeñas que las dos nuestras, también las embarcaciones nuestras estaban mejor artilladas y el personal que las operaba estaba mejor capacitado, de eso no tengo dudas.

Hay algo que quiero contarles porque me impresionó mucho.

Fue la caída de un avión en el lago. Desde la lancha lo vimos todo, desde el momento que el avión empezó a perder altura hasta que se desplomo sobre la superficie del agua, fue una cosa muy impresionante, partimos rápidamente para donde había caído el avión y solo pudimos recoger parte del fuselaje y el casco con el nombre del piloto que era Rosquet, después supimos que era un piloto francés.

Para terminar te digo que yo me relacionaba mucho con los africanos, era gente buena y particularmente no tengo quejas de ellos. Un detalle, como yo soy negro, me miraban con cierta extrañeza. En una ocasión llego una señora saludando "yambo, yambo", saludando a todo el mundo menos a mí y en eso yo le dije que le pasa a esta señora que no me saluda a mí, en eso cuando oyó que yo hablaba español y no la lengua de ellos me abrazó y quería que me fuera con ella, nunca habían visto un negro que no fuera de allí y eso es un buen recuerdo para mí.

Por último te digo que la presencia de los cubanos en África y en esa zona en particular, era muy importante[71]. La gente que

71. Enrique Ros. Ernesto Guevara. Mito y Realidad. "Fue en el cruento combate de Bendela donde cayó en manos de las tropas del gobierno congolés el Diario de uno de los soldados de Guevara que mostraba, sin lugar a dudas, la presencia de fuerzas cubanas entre los rebeldes congoleses. Era el Diario que pudo leer el piloto anticastrista Antonio "Tony" Soto.

venía de Tanzania al Congo Belga, me decían que allí había un negro igual que yo y mucha gente que hablaban como yo, así que tengo que decirte que al menos en Tanzania había muchos comunistas cubanos.

Me siento muy orgulloso de haber ido a combatir al Congo, ese fue un gran honor porque combatí contra el comunismo y todo lo malo que representa para las personas y la sociedad.

Relación de Pilotos, Mecánicos, Comandos y personal
OPERACIÓN MAKASI

LISTA DE PILOTOS, MECANICOS, COMANDOS Y PERSONAL ADMINISTRATIVO.

Tomas A. Font
Luis F. Ardois.
Gastón Bernal
Jorge Bringuier
Amado Cantillo
Oscar Carol
Castor Cereceda
Oscar Cordo
Luis de la Guardia
Segisberto Fernández
Fred Flaquer
René García
Chique Ginebra
Molina G. González
Gonzalo Herrera
Jorge Intriago
Orlando Izquierdo
Carlos Jústiz
Ramiro Landazury
César Luaces
Alfredo Maza

Jorge Navarro
Cecilio Padrón
Juan Perón
Gustavo Ponzoa
Ignacio Rojas
Leonardo Seda
Raúl Solís
Antonio Soto
Rene Tuya
Antonio Torrecilla
Roberto Pichardo
Aselo Pedroso
Juan Tamayo
Claudio Filpes
Hernán Organices
Eulogio Reyes
Ángel Pedrianes
Ricky Pereda
José A. González
Luis Cosme

Alfredo M. Maza.
Piloto de la Fuerza Aérea Cubana. Combatió en Playa Girón como piloto.
Después de la crisis de los cohetes, finales de diciembre de 1962, nos contacto Luis Cosme Toribio, él era una especie de jefe de operación de la Brigada 2506 en el periodo en el que fuimos a combatir a Cuba.

Cosme nos cito a René García, Eduardo Herrera, Cesar Luces, Mario Ginebra y Alfredo Maza y nos pregunto si estábamos dispuesto a ir para El Congo, que en principio volaríamos aviones AT-6 pero que posteriormente volaríamos aviones de mejores condiciones. La idea que yo tengo era que el plan de ellos se enfocaba en que nosotros entrenáramos a la futura fuerza aérea de ese país. Creo que también nos acompañaba el mecánico Filiberto Fernández que también fue miembro de la Marina cubana.

Partimos todos los pilotos juntos desde Nueva York, en un vuelo de Pan American, un viaje larguísimo y recuerdo que entre las escalas, que fueron varias, estuvo Dakar, capital de Senegal.

Cuando llegamos nos situaron en un campamento que había pertenecido a un batallón de paracaidistas belgas. Unas casas muy buenas y nos facilitaron hasta carros, para que tengas una idea, el vecino nuestro era el presidente Joseph Mobutu.

Esa noche nos entrevistó un suizo que era de la CIA. Al día siguiente nos recibió Mobutu quien sostuvo con nosotros una larga entrevista, en la que sirvió como interprete el suizo que nos había interrogado la noche anterior, el comentario de Mobutu fue que nosotros éramos muy jóvenes y que si teníamos experiencia militar, a lo que el suizo le respondió que sí, que todos éramos veteranos de la Brigada de Asalto 2506.

Recuerdo que Mobutu preguntaba, ¿ pero ellos saben bombardear? una pregunta intrascendentes porque los aviones que teníamos era AT-6 solo tenían capacidad para tener unos pequeños cohetes porque las ametralladoras que portan esos aviones son calibre 30 chiquitas, no estaban en condiciones para ser usadas.

Practicábamos con cohetes que también era pequeños en una zona del rio Congo en un lugar que se llamaba Tizier. Las prácticas se hacían cumpliendo las normas militares.

En ese momento no habían alzados contra el gobierno, el problema estaba con Moisés Thomsbe que quería independizar la provincia de Katanga que es la más rica del país por lo que nuestra principal misión era preparar condiciones para enfrentar a Tshombe.

Realmente nuestra misión no la pudimos cumplir por causa del idioma. No era posible a pesar de que nos pusieron dos maestras para ayudarnos, muy lindas por cierto.

Nos mantuvimos en el campamento de los para comandos belgas todo el tiempo, volábamos con mucha frecuencia pero nunca sostuvimos un combate en África.

Para terminar el piloto Luaces regresó a Miami y fue sustituido por Pupy Varela, que también había sido capitán de la Marina de Guerra.

Permanecí en El Congo unos cinco meses, cuando me fui ya estaban en camino los T-28 y los B-26, esos aparatos si estaban debidamente artillados.

La gente que nos sustituyó si peleo duro.

Capitán, Gustavo Sosa Ponzoa.
Piloto de la Compañía Cubana de Aviación. Capitán piloto de la Brigada de Asalto 2506.

El gobierno de Estados Unidos hizo un llamado para que los cubanos que habíamos integrado la Brigada de Asalto 2506 y otros que trabajaban en diferentes frentes con el gobierno si era su deseo ingresaran a las fuerzas armadas de ese país.

Ingresé a Fort Benny en marzo de 1963, como era lógico en la Fuerza Aérea, pero cuando aprecié que me estaban dando clases que eran prácticamente como para entretenerme, cosas sin valor ni importancia, en fin que todo era una farsa, me dije esto no es lo mío, así que abandoné el servicio armado de este país.

Para finales de 1963 me encontré con un compañero de nombre Pupy Varela que había estado volando en África aviones AT-6 y me dijo que iban a llamar más pilotos.

Volé para África a principios de 1964, un tiempo después llegaron los marinos cubanos procedentes de Miami, que también tenían experiencia de lucha contra el comunismo.

A los pocos días de estar allí me enfermé, tuve muchos problemas de salud y bajé hasta cuarenta libras de peso. En honor a la verdad estaba muy jodido, al extremo que pensé que me iba a morir en ese lugar.

De regreso a Estados Unidos recibimos un nuevo entrenamiento. Nuestro instructor fue John Mariman, un hombre muy bueno y muy capacitado. Quiero decirle que él también fue a África y que murió por negligencia del gobierno de este país, porque si lo hubieran traído para Estados Unidos cuando él tuvo el problema se habría salvado.

En total nos incorporamos en ese momento como siete u ocho pilotos. Uno de ellos fue René García que cuando se enteró de la operación vino a vernos para sumarse a la expedición, el otro fue Mario Ginebra que iría para África por segunda vez ya que había estado en el Congo con anterioridad.

Todo nuestro grupo estaba compuesto por pilotos cubanos, aun los nuevos pilotos que llegaban al Congo eran cubanos, solo hubo en nuestro grupo un piloto extranjero, un francés, al que yo le di entrenamiento en Miami.

Nuestra lucha era tanto contra los chinos como contra los soviéticos que cada uno por su parte estaban tratando de apoderarse del uranio que había en Katanga. Nuestra misión era apoyar el gobierno de Moisés Tshombe.

Una vez más regresé a Estados Unidos para un entrenamiento de cuatro o cinco días en los nuevos modelos de aviones AT-28 que estaban en hangares en Alburquerque, esos aviones serían trasladados a África.

Recuerdo que el entrenador estadounidense me dijo, "quisiera estar con ustedes allá, pero no puedo ir porque el gobierno no me autoriza".

La estancia se prolongó por unos doce a trece días. Salimos de Miami para Nueva York, alrededor del treinta de mayo o primero de junio. Allí tuvimos que esperar hasta el día catorce, que nos dieron las visas. Por fin llegaron y nos pudimos ir. Primero llegamos a Bélgica, y de allí volamos a Leopoldville en el Congo.

Cuando llegamos al Congo me designaron chequeador de esos modelos de aviones que iban a ser tripulados por los nuevos pilotos que fueran llegando.

Verdaderamente no teníamos una base aérea. Había dos aeropuertos, el grande, que era el Angeli, en el mismo Leopoldville, que era un aeropuerto internacional donde permanecimos por otras dos semanas.

En esa base hicimos prácticas de reconocimientos, también de tiro y nos familiarizamos más con los aviones T-28.

Del aeropuerto de Angeli volamos para Camina, una base situada en el centro del país. En ese territorio el lío estaba bien armado y empezamos las operaciones para las cuales nos habían preparado.

En honor a la verdad tengo que reconocer que en aquellos momentos la logística para apoyarnos era deplorable.

No le miento si le digo que llegamos a pasar hambre. A veces en la mañana solo teníamos para echarnos en el estómago una botella de cerveza caliente, una tajada de pan y una lata pequeña de sardinas, porque no había otra cosa para comer.

Muchas veces tuvimos que encintar las balas, una a una, lo que significa que para encintar quinientos proyectiles podías tranquilamente pasarte media mañana.

Pero, las cosas se pusieron peor porque hubo un momento que no había nada de nada. Ha mediado de las operaciones fue cuando llegaron los americanos y el primer avión C-130 con toda clases de suministros.

En ese avión llegaron las raciones en cajitas blancas. Si bien estábamos dentro de un proyecto apoyado por los norteamericanos, nosotros nos percatamos que había cierto roce con los belgas, el gobierno de Bélgica también estaba involucrado en la operación, y esto entorpecía el suministro, principalmente de comida.

Quiero recordar que el Congo había sido una colonia belga.

Le voy a contar una anécdota muy interesante. Generalmente volábamos en pareja, dos aviones, y a veces hasta tres, aunque con un solo piloto, cada avión.

En varias ocasiones volamos juntos René, Ginebra y yo. Un día, regresaba con René García de una operación para la que habíamos salido temprano en la mañana, estábamos volando cerca de un pueblecito de nombre Lucengia donde había un cruce de tren, cuando vimos un tren transitado por territorio enemigo y como nosotros teníamos instrucciones que después de esa línea todo lo que viéramos tenía que ser atacado, eso fue lo que hicimos.

El que vio el tren fui yo y no perdí tiempo en avisarle a René, le dije "René, mira ese tren", era un tren con varios vagones y una locomotora.

Acordamos que René con su avión atacara la locomotora que yo atacaría el resto del tren. Bajamos en picada y empezamos a atacar con las ametralladoras, cuando iniciábamos la segunda ronda del ataque vimos que mucha gente uniformada se tiraba de los vagones, lo curioso era que estaban muy bien uniformados, contrario a lo que estábamos acostumbrado a ver que eran soldados muy mal vestidos e indisciplinados.

Ante esa situación y al ver que los soldados estaban vestidos de verde y se refugiaban en la selva decidimos parar el ataque. La verdad es que el tren era de nuestro bando, de la gente de José Mobutu, otro dirigente congolés.

El resultado fue que matamos unos catorce hombres a la Armee Nacional del Congo, nuestros aliados.

Por supuesto que aun volando informamos de inmediato al mando para que realizaran las investigaciones, les dimos todos los detalles y les dijimos que estábamos seguros que habíamos causado bajas. Cuando aterrizamos nos informaron que efectivamente, eran nuestros aliados, a partir de ese momento y para evitar nuevos errores le ponían a los trenes grandes pañoletas y equipo de radio.

Quiero destacar que sabíamos que los militares cubanos con Ernesto Guevara a la cabeza, con el apoyo de otros oficiales castristas, llegaban al Congo por el otro Congo, el francés que se llamaba Brazzaville. La Marina y otros grupos aéreos nuestros, fueron los que se enfrentaron a ellos directamente.

Quiero contarles otra anécdota.

Recuerda el norteamericano que me dio entrenamiento y que me dijo que deseaba ir a África pero que no se lo permitían sus superiores, a fin de cuentas logró el permiso y pudo participar en operaciones contra los comunistas como recordaran su nombre era John Maryman.

A veces me sentía muy cansado y era que hacía como un año había padecido de hepatitis y por eso salía a volar temprano, uno de esos días se presenta una crisis y viene Maryman corriendo y me dice ven conmigo Gustavo que le están tirando a unos camiones.

Aquel tipo era un gran piloto, fue él quien me dio el entrenamiento y con los ojos cerrado, hubiera ido, pero como les decía estaba agotado y aunque hizo el mayor esfuerzo para que yo fuera no tenía voluntad para hacerlo y le dije, "No John, vete tú solo".

Como a las tres de la tarde se estaba hablando que habían derribado un avión. Nunca pesé que pudiera ser Maryman, así que imaginé que era un cubano entre los que podían estar René García o Varela.

Llego a la torre y oigo a dos cubanos hablando y es ahí cuando me entero que había sido el avión de Merryman el abatido.

En eso llegaron los pilotos de los otros aviones que habían participado en la operación y contaron que Maryman había tratado de aterrizar en un aeropuerto abandonado, pero que como estaba a muy baja altura porque el motor había sido dañado por el fuego enemigo, la máquina se paró de pronto y el avión se desplomó.

Aquello fue un desastre. Lo dieron por muerto. Pero a los tres días se aparecieron tres soldados con Maryman en una camilla. Estaba muy mal, salía y entraba en coma. En uno de los momentos en que salió del coma hablo conmigo y me dijo que quería regresar a su casa y estar junto a su familia.

Lo tuvieron una semana en el aeropuerto sin que recibiera la más mínima atención, porque aunque aquel era un gran aeropuerto, quizás más grande que Fort Benny, allí no había ni un algodón.

Lo trasladaron para Leopoldville, donde estuvo un mes en el hospital, sin que tampoco fuera atendido como requerían sus heridas. Si a ese hombre se lo hubieran llevado para Europa, todavía estaría vivo.

Por fin, como al mes y pico, lo sacaron en un avión C-124, y en el medio del Atlántico, murió de un coágulo en el cerebro, lo fastidiado es que a la familia le dijeron que había muerto en un accidente de carro en Puerto Rico. La familia lo creyó así por treinta y cinco años, les repito, si a Maryman lo hubieran llevado para Europa, todavía estaría vivo, no tengo dudas de eso.

Un día, hablando con la americanita Janet[72], salió lo sucedido

---

72. de abril de 1961. El avión de "Pete" Ray sufrió serias averías, pero él sobrevivió el aterrizaje forzoso, tras lo cual fue llevado a una instalación médica cubana donde fue atendido por heridas superficiales. Se afirma que cuando unos médicos cubanos estaban atendiendo las heridas de Ray, el ejército cubano llevó a cabo órdenes de los hermanos Castro y lo ejecutaron de un disparo en la sien derecha.

con Merryman en la conversación y le expliqué todos los hechos. Esta jovencita que está muy comprometida en la lucha contra el comunismo, recordemos que su padre fue un héroe en Bahía de Cochinos, fue a buscar a la familia de Maryman, la encontró y les dijo lo que había sucedido.

Cuando la familia de Maryman se enteró de lo sucedido, vinieron a Miami a verme. Estuve con ellos una semana completa atendiéndolos y contando la verdadera historia de la muerte de un hombre valiente que quería mucho a su país.

Salí de África en los últimos días del mes de noviembre de 1964. Estaba muy molesto, hasta tuve que operarme de apendicitis y no me sentía bien. Regresé a Miami, me casé y empecé a trabajar en la compañía Solener con la que volé por diez y ocho años.

Estando fuera supe que el diez y siete de diciembre de ese año había sido derribado Felo Bemba, su nombre era Fausto Gómez Gómez, otro de los derribados fue un compañero piloto de apellido Tuñón.

Capitán, Ignacio Rojas.
Piloto de la aviación naval de la República de Cuba. Capitán de un B26 en la expedición de la Brigada 2506. También sirvió en la Marina de Estados Unidos.

Salí de Cuba para participar en le expedición de la Brigada 2506 y cuando se presentó de nuevo la oportunidad de luchar contra los comunistas no lo dude ni un instante.

Arribe al Congo en 1964, un mes antes de que los guerrilleros comunistas tomaran Stanleyville. Fui directo para la base de Camina que había pertenecido a la Fuerza Aérea de Bélgica. La base estaba en el centro del Congo y allí fue donde volé por primera vez el B-26K, unos aviones muy superiores a los que usamos en Bahía de Cochinos.

En Camina casi de inmediato iniciamos operaciones contra los rebeldes, nuestras áreas de vuelo eran el norte y el este del país hasta que llegamos a Stanleyville que era la capital de los comunistas, los simbas.

Le doy más detalle, partiendo directamente de Camina atacamos distintos pueblos que estaban tomados por los rebeldes y que la jefatura consideraba objetivos estratégicos, entre esos pueblos estaban, Kabalo, Chabumba y Kilwe por solo mencionar unos cuantos, déjeme decirle que también atacábamos embarcaciones del enemigo que surcaban el río. Esas embarcaciones transportaban armas, equipos y hombres.

Por ejemplo cerca de Camina pasa un río bien grande, El Badava, cuya corriente conduce al norte y que en un punto geográfico, precisamente donde está la ciudad de Stanleyville, se convierte en el rio Congo.

Otro objetivo nuestro fueron los trenes que habían capturado los rebeldes. Esos trenes que estaban en la provincia de Katanga también se convertían en nuestro objetivo y los atacábamos porque ellos por tren movían muchos hombres y equipos de diferentes tipos.

Recuerdo que la gente de Guevara tenían su cuartel en la costa oeste de lago Tanganika que tenía una franja de lomas altas a la izquierda y un poco al norte de la ciudad de Albertville, cerca de un pueblo de nombre Urubila, operaba un grupo de rebeldes que estaban haciendo mucho daño.

Recuerdo que un día nos mandaron a atacar una estación de radio, Tony Blázquez volaba el otro avión, eso fue cerca de la zona Fitzi-Baraka, atacamos el objetivo y lo destruimos, pero lo curioso es que no nos dimos cuentas que nuestros aviones habían sido impactados con el fuego enemigo, cosa que no ocurrió durante nuestros vuelos cuando Playa Girón, que a pesar del intenso fuego de los castristas, nunca hicieron blanco en nuestras naves.

Hubo muchas otras operaciones pero recuerdo una en particular. Partimos de Camina y volábamos ya sobre Kimdu, no recuerdo bien pero estoy seguro que fue así, estaba a la altura de un rio que se llama Elila, giré por ese lugar y vi un puente bastante grande que atravesaba el río y del cual salía una carretera que se veía muy bien desde el aire.

El asunto es que cuando nos encontrábamos volando Reginaldo Blanco y yo sobre un puente captamos unas voces que pedían auxilio, decían que les habían hecho una emboscada y que habían sufrido varias bajas.

Después de escuchar los pedidos ayuda les pregunté donde se encontraban y la voz que salía del equipo de radio, dijo "estamos sobre un puente sobre el río Elila", enseguida le dije !Mira para el cielo y dime si ves un avión volando!, el hombre de inmediato me respondió positivamente por lo que le pregunté dónde estaba el enemigo.

Aquel hombre rápidamente me sitúa geográficamente y me dice que los rebeldes estaban al cruzar el río en una zona boscosa que se iniciaba al finalizar el puente, enseguida pusimos rumbo al bosque y solo lanzamos unos cuatro cohetes, el B-26 cargaba más de 70 misiles, aquellos pocos cohetes fueron suficientes para que del bosque salieran dos jeeps y decenas de hombres que enseguida buscaron refugio en otro grupo de árboles muchos más altos y frondosos que los anteriores.

La verdad es que la mayoría de aquellos individuos se escaparon, pero nosotros salvamos a la gente nuestra que sin duda estaba en peligro y también logramos que el jefe de las tropas que pusimos en huida, un cabecilla muy sangriento, el general Oennga, que tenía planeado ir para Stanleyville para masacrar a la gente del consulado de Estados Unidos, tuvo que huir por lo que frustramos sus planes.

Nosotros como ya te han dicho algunos compañeros perdimos varios hombres en el Congo. Uno de ellos fue Mario Ginebra que había sido compañero mío en la Marina en Cuba.

Mario volaba un T-28 y un día despegando le falló el motor y el avión se puede decir metió la nariz en el agua, eso fue casi en la orilla del lago. El quedó atrapado y no pudo salir de la nave.

Otro compañero que perdimos fue Arturo Piqué que volaba junto a otros pilotos entre los que estaban Joaquín Varela y Jorge Travieso, eran tres aviones en total, salieron de la capital hacia Kinbu que está a unas cuatro horas de vuelo, pero poco después de despegar se metieron en una turbonada y aparentemente el avión tuvo una falla o Piqué perdió los controles de la nave, el asunto es que el avión cayó y perdimos a otro compañero.

Otro más que murió fue Fausto Gómez, le decíamos Felo Bemba, ese murió en combate, atacando una base rebelde, no estoy seguro si se cayó, choco con la tierra porque a veces cuando un piloto vuela solo y está atacando un objetivo puede no percatarse de lo cercas que está la tierra y puede impactarse en ella, pero tampoco se descarta que haya sido derribado por fuego enemigo.

Posteriormente a su caída se empezó a decir por algunos misioneros que sus restos se los habían comido los rebeldes. Algunas tribus de esa región les gustaba sacarles el corazón y el hígado a sus enemigos y comérselos, de más está decirte que en la zona había tribus de caníbales.

Hay otro caso parecido que es de un piloto de nombre Tuñón del que también algunos misioneros dijeron que había sido canibalizado. Tuñón volaba de pareja con Perón, eran dos T-28.

El avión de Tuñón y el de Perón tuvieron que aterrizar, todos nosotros suponíamos que si alguno del grupo caía a tierra el que más posibilidades de sobrevivir tenía era Tuñón porque había recibido entrenamiento de sobrevivencia de la CIA y Perón no tenía esos conocimientos, pero no fue así, el que perdió la vida fue Tuñón.

Quiero decirle que cuando nos desplazábamos rumbo a la capital enemiga, Stanleyville, todavía estaba ocupada por el enemigo, se combinaban nuestros vuelos con la marcha de la infantería, manteniendo comunicación por radio de alta frecuencia.

Unos días antes de la toma de Stanleyville ocupamos la ciudad de Kimbu que tenía una relativa importancia, poco a poco avanzábamos e íbamos ocupando territorios.

Stanleyville, la capital rebelde, ocupada por los comunistas, como dije antes, estaba frente al río, nuestras fuerzas expulsaron rápidamente a los comunistas y se hicieron cargo de la capital, todo eso fue en un solo día.

Cuando atacamos Stanleyville, tuve que volar un viejo B-26 que estaba en la base Camina hasta Leopolville y cuando regresé a la ciudad ya era nuestra, cierto que todavía la situación estaba tensa y todavía se presentaban incidentes pero ya la habíamos capturado.

A partir de ese momento empezamos a operar los B-26 desde esa ciudad.

Armando Cantillo.
Capitán piloto de la Brigada de Asalto 2506.
Fui a combatir al Congo para enfrentar el comunismo, ese era mi compromiso pero no puedo negar que al principio vacilé un poco, pero cuando me dijeron que Ernesto Guevara estaba en ese país, mis convicciones no me dieron otra opción.

Mi vuelo al Congo duro más de 22 horas, salimos en la desaparecida compañía aérea Pan American. Hicimos varias escalas una de ellas en Nueva York y la otra en Lagos, Nigeria y posteriormente arribamos al país por Leopoldville, que era la capital de la República del Congo, ese fue nuestro punto de destino inicial en ese país.

En el Congo fue donde recibí entrenamiento militar en lo que respecta al uso de ametralladoras, bombardeo, ect. En Estados Unidos nos habían dado preparación de vuelo en general, pero el entrenamiento para el combate lo recibimos en el mismo territorio donde íbamos a pelear.

Presté servicios en el Congo en dos oportunidades. La primera vez fue por unos diez meses y eso fue por el año 1965.

La base principal estaba situada en Leopoldville, pero había otras bases aéreas en otros lugares del país por ejemplo, en Staleyville, Albertville, Kindom, fueron varias las bases en las que operábamos, todo dependía del desarrollo de la guerra y en consecuencia donde el mando superior consideraba que debían estar situados los equipos que prestarían apoyo aéreo a la infantería.

Lo aviones, como ya habrán dicho, eran al principio de la guerra del modelo AT-6, después empezamos a usar el avión T-28 que en mi opinión era el mejor tipo de nave para la clase de guerra que hacíamos en El Congo, el otro modelo de avión era el B-26-K, el más avanzado en ese tipo de avión. Este era un avión muy poderoso.

Las tareas nuestras eran diversas. Exploración de área, ataque directo a las tropas, a camiones, trenes, canoas llenas de rebeldes armados y servir de apoyo a las tropas de tierra. En la base había un jefe de operaciones y él era quien asignaba las misiones.

Fueron muchas las misiones que realizamos y han pasado muchos años, pero entre ellas, así de momento, recuerdo una en el Valle de Fiza, donde se nos dijo después que Ernesto Guevara había estado en ese lugar ese mismo día.

En Fiza había una fuerte concentración de tropas en la que estaban los Simbas.

Ellos nos dispararon mucho pero nuestro fuego fue más efectivo y le causamos muchas bajas. Otro enfrentamiento fue en el Rio Chopo al norte de Srtaleyville, Nos encontrábamos dándole cobertura aérea a las tropas del ejército congolés cuando fuimos atacados de pronto con un fuego muy nutrido desde tierra, el avión que yo tripulaba recibió varios impactos de balas pero sin mayores consecuencias.

Entre otros de los enfrentamientos puedo recordar uno que tuvimos en un punto del río Chopo que mencione con anterioridad.

Volaba junto a Alberto Pérez Sordo, que ya falleció pero no en África, cuando divisamos unas canoas con treinta o cuarenta rebeldes bien armados cada una, que empezaron a descargar todas sus armas en cuanto vieron el avión de Pérez Sordo que iba volando más bajo y delante de mí que iba navegando como unos mil pies más arriba que el avión que él tripulaba.

Nosotros respondimos al fuego con todos los recursos de nuestras naves. Abrimos un fuego cerrado que no cesaba porque nos turnábamos en el ataque contra las embarcaciones, les causamos muchas bajas y los sobrevivientes se refugiaron bajo unos árboles frondosos en busca de protección.

Siempre volábamos en pareja y la táctica de ataque era un avión primero y el otro a su cola listo para disparar cuando le tocara el turno. Otra cosa en la que teníamos cuidado era que el sol siempre nos diera a la espalda para que no nos encegueciera.

El tiro de ametralladora lo hacíamos entre 260 y 300 nudos de velocidad por hora. Como dije antes, primero disparaba uno y le seguía el otro. También llevábamos cohetes de 14 de 2.75 calibre, estos solo lo usábamos cuando el líder del grupo lo ordenaba. El ataque de misiles lo hacíamos en un Angulo más pronunciado y a menor velocidad.

Navegar los cielos del Congo no era nada fácil porque la vegetación era cerrada, apenas podías encontrar puntos de referencia, teníamos que cuidarnos mucho no nos fuéramos a perder, esa fue una de las causas por la cual perdimos más de uno de nuestros pilotos.

A esto te sumo que teníamos que pelear con un enemigo bien armado, con muchos recursos. Eso de arco y flecha es una gran mentira, tenían armas modernas y sabían usarlas. Los comunistas han creado una falsa leyenda sobre los armamentos de los congoleses comunistas y sus aliados, tenían mucho y buen equipo.

Ellos recibían las armas a través de Tanzania y otros países limítrofes. También les quitaban armas y equipos a los soldados congoleses porque en realidad el ejército nacional de el Congo no estaba preparado para pelear en ningún aspecto, sin falsa modestia te digo que si no hubiera sido por nosotros la situación en ese país hubiera sido muy diferente.

Hay una situación que no quiero pasar por alto y es que ser apresado por algunas de aquellas tribus no solo significaba la muerte, sino que también podía ser una muerte atroz porque muchos de los indígenas por la zona en la que volábamos eran caníbales, cosa que estoy seguro más de un compañero ha mencionado con anterioridad.

Es importante que te cuente una operación en la que participé y que no fue precisamente contra las tropas rebeldes.

Los mercenarios europeos que eran muy numerosos y bien entrenados apoyaban las tropas del gobierno congolés pero en una ocasión el Segundo Batallón que estaba principalmente integrado por mercenarios españoles y belgas, se sublevó contra las autoridades de Stanleville porque no les pagaban desde hacía varias semanas, en la sublevación contaron con el apoyo de los katangueses, que son los nativos de la provincia de Katanga.

La sublevación ocurrió cuando uno de nuestros pilotos, Perón junto a Jorge Navarro se encontraban en esa ciudad con un B-26, pero los sublevados no les permitieron despegar.

Ante esa situación la Jefatura pidió voluntarios para que fueran a Stanleville a negociar, acepté participar en esa operación y la comandancia me dijo que tenía que ir con otro compañero y recomendé a Jorge Silva.

Partimos en dos C-46 que son aviones de carga y para transportar. Junto con nosotros partió un grupo de soldados congoleses.

Durante todo el vuelo mantuvimos en contacto permanente con la base, cuando arribamos a la altura del aeropuerto de Stanleyville le dije a Jorge Silva, yo estaba de jefe de la misión, que iba a aterrizar pero que el permaneciera volando sobre el área del aeropuerto para que pudiera ver el desarrollo de los acontecimientos.

En verdad que aquel fue un momento de apuro. Nos estaban apuntando con todo las armas que tenían, pero así y todo bajamos.

En tierra me dirigí al coronel y le dije que venía a buscar los heridos, me pregunto que si le garantizaba que serían bien tratados y le respondí dándole mi palabra que así seria.

Le dije al Coronel que como veía había otro avión navegando alrededor de la base para recoger más heridos sino cabían en mi nave, asintió y le pedí que autorizara a ese avión a recoger más heridos. El oficial aceptó y el otro avión aterrizó. Entre los heridos había blancos y negros.

A todas estas, los motores del avión en el que yo había aterrizado se mantenían encendidos.

Cuando despegué no me fui del lugar seguí volando en circulos tal y como había hecho Silva y en contacto permanente nuestra base, pero aun así las dudas me cocinaban, porque le aseguró que ver todo aquel equipo militar apuntando era algo fuerte, pero por suerte no hubo problemas, Silva bajó y recogió el resto de los heridos.

Cuando llegamos a Leopolville en el aeropuerto había decenas de periodistas con los que no pudimos hablar. Eso estaba prohibido. Recuerdo que me cubrieron la cara, es más te digo que en más de cuarenta años, es la primera vez que habló esto en público.

Gastón Francisco Bernal Fernández.
Capitán Piloto de la Fuerza Aérea de la República de Cuba.
Participó en la Conspiración de los Puros contra el régimen de
Fulgencio Batista.

Fui piloto de la Fuerza Aérea de Cuba y estaba preparado para volar aviones B-26, bombardero ligero, y C-47, transporte militar, de ahí para abajo estaba adiestrado a volar cualquier avión incluido los ATC.

El único avión de la Fuerza Aérea de Cuba que no estaba capacitado para volar era T-33, que era un avión de propulsión a chorro que se usaba para entrenar pilotos, pero también era utilizado como avión de ataque.

Yo participé en la denominada Conspiración de los Puros , junto a los coroneles Ramón Barquín[74] y Enrique Borbonet[75] y con nosotros preso en Isla de Pinos, estuvo también Manuel Villafaña[76].

Aunque formé parte de esa conspiración, tuve la suerte de no caer con ellos, fui arrestado cuando el levantamiento de la ciudad de Cienfuegos que ocurrió el 5 de septiembre de 1957[77], porque

---

74. El Intento de Golpe de Estado en Cuba de 1956 o Conspiración de los Puros fue un conflicto armado encabezado por una fracción rebelde de las Fuerzas Armadas de Cuba. El propósito era derrocar el régimen de Fulgencio Batista.
75. Ramón Barquín, coronel del ejército de la República de Cuba y jefe de la Conspiración de los Puros. Poco después del triunfo de la Revolución se enfrentó a los Castro, partió al exilio donde participó en actividades conspirativas.
76. Comandante del ejército de la República. Fue uno de los líderes de la Conspiración de los Puros. Permaneció junto a la dictadura de los Castro hasta su muerte.
Oficial de las Fuerzas Armadas de la República de Cuba. Piloto de combate. Participó en la Conspiración de los Puros y estuvo en prisión. Poco después del triunfo de la Revolución decidió asilarse y enfrentar el régimen de los Castro. Fue jefe de la unidad aérea de la Brigada 2506.
77. Sublevación cívica militar contra el régimen de Fulgencio Batista. Fue sofocada por las fuerzas leales al dictador pero historiadores y analistas afirman que la insurrección fracaso por la traición de los miembros del 26 de Julio que estaban envuelto en la sublevación. Estos analistas afirman que el sabotaje de la acción fue una orden directa de Fidel y Raúl Castro.

yo era el líder de los aviadores en ese levantamiento.

Yo sé que no es el tema de la entrevista pero quiero decirle que aquello fracasó por falta de coordinación con los militares de la Fuerza Naval que estaban conspirando contra Batista, sino hubiese sido así, posiblemente estaríamos en Cuba, porque Fidel Castro no se habría llevado el gato al agua como se lo llevó.

Cuando llegué a Estados Unidos, septiembre de 1960, mi intención era incorporarme a los campamentos de la Brigada 2506 en Guatemala donde se entrenaban pilotos y también soldados de infantería para desembarcar en Cuba y acabar con el castro comunismo.

Lamentablemente no llegue a ir a Guatemala y menos incorporarme a las fuerzas expedicionarias. Recuerdo que me interrogo un cubano que sabía de esas funciones como yo de astronomía.

A pesar de todo eso como le dije no pude ir a Playa Girón. Me hicieron todo el papeleo y eso, pero no me mandaron para el campamento. Tres vinimos juntos y a los tres nos hicieron lo mismo, uno de ellos se llama Gastón Rodríguez y el otro Ernesto Pernot, pero este último al final de sus gestiones sí fue enviado a los campamentos de entrenamiento.

La última vez que traté de averiguar porque no me llamaban me dijeron que no querían a más nadie, lo que no era verdad porque varias gentes de la Marina, varios pilotos de la Marina, fueron después que me rechazaron y lo curioso es que también para que me enviaran para El Congo a luchar contra los comunistas me costó Dios y ayuda.

Me fui para el Congo, como el veinte y ocho de diciembre del sesenta y cuatro. Fui con Felipe Travieso que había sido compañero mío en la Fuerza Aérea y estuvo también preso cuando la conspiración de Los Puros.

Lamentablemente Travieso se mató en un viaje porque después que se acabó la operación del Congo, se fue a trabajar de mecánico junto conmigo en un taller, pero después consiguió un trabajo en una compañía aérea y una noche despegando en un avión Constellation, no estoy seguro si fue de Puerto Rico o

Santo Domingo, el avión cayó al mar.

En el Congo estuve casi cuatro años. Fui al Congo por un amigo mío, que es como un hermano, que se llama Mario Zúñiga Díaz, que vive todavía. Zúñiga trabajaba en una compañía y yo trabajaba en un edificio de esa empresa.

Un día Zúñiga me dice: Chico, ¿por qué no te vas para el Congo? En ese momento la operación del Congo estaba en marcha.

Al parecer creyó que no le había entendido y me repitió la pregunta, ¿por qué no te vas para el Congo? y le contesté que yo no conocía a la personas que pudiera alistarme para marchar a pelear en ese país contra el comunismo, a lo que me respondió que si yo quería ir a pelear al Congo él conocía la persona que podía hacer las gestiones y enviarme a ese país.

Se marchó y al otro día vino acompañado de Roberto Medel que según me había informado tenía autoridad suficiente para tomar decisiones en relación al Congo.

Efectivamente, Medel me llevó al aeropuerto al día siguiente. Me dijo entrégueme un resumé de tú vida y dime por qué no te incorporaste a la Brigada 2506.

Le contesté que el no haber participado en la expedición de la Brigada 2506 no había sido mi responsabilidad, que evidentemente no me quisieron mandar, porque enviaron a otros que arribaron a Estados Unidos después que yo.

Después de esta conversación me preguntó si sabía de algún otro piloto que quisiera combatir en El Congo. Les recomendé a dos personas, el capitán Eduardo Ferrer y el capitán Gastón Rodríguez, y un tercero del cual lamentablemente no recuerdo el nombre.

El problema es que a las personas que recomendé estaban volando a los dos o tres días para El Congo pero yo seguía operando los elevadores, no me preguntes, porque continúo sin saber porque me pasaban esas cosas, pero era como una fotografía de lo que había ocurrido con la Brigada. Quiero aclararle que Ferrer, uno de los que había recomendado, fue llamado a ir al Congo pero renunció al viaje.

Pasó más de mes y medio para que me llamaran. Cuando me convocaron partí para el Congo junto al piloto Travieso.

Llegamos al Congo como el veinte y ocho de diciembre del sesenta y cuatro. Cuando llegué junto a Travieso como dije antes, regresaban para Estados Unidos los capitanes Gustavo Ponzoa y Rafael García Calsade, "El Huevo", y otro más que no recuerdo el nombre que perdió aquí la vida en otro accidente de aviación.

Supe de la salida de ellos para Estados Unidos porque estaban esperando el transporte que nos llevaba a nosotros, que era el que los iba a recoger a ellos.

Los primeros aviones que enviaron para El Congo fueron los AT-6 y después mandaron unos B-26 y B-26B.

Al día siguiente realizamos nuestro primer vuelo. En el contrato que firmé especificaban que mi responsabilidad era volar aviones B-26 y B-26-C, no el K que era el más avanzado de los B-26. Tenía un armamento superior a los otros modelos de ese avión. Cosas de la burocracia porque allí había modelos K y yo podía volar cualquiera de aquellos aviones.

Al día siguiente Quintero, otro piloto, nos llevó a Travieso y a mía a Leopolville. El jefe de estado en aquel momento era Moisés Thosmbe, pero no te puedo precisar si el contrato nuestro fue con el u otra entidad, realmente no estaba al tanto de esos detalles.

En el aeropuerto de "Jill", había un hangar muy grande donde estaban aparcados dos B-26-B. Me arrimé a ellos, los inspeccioné y los encontré aptos para volar.

Después de eso le pregunté a uno de los mecánicos de la Wilmo, una compañía que le daba mantenimiento a los aviones, si en la zona había más cubanos y me respondió que no sabía, en esos momentos que yo supiera en Leopolville, solo había otros dos cubanos aparte de los que habíamos llegado en el último viaje.

Quintero era allí el corre ve y dile, una especie de coordinador, era quien conseguía todo lo que nos hacía falta. Tú le encargaba cualquier cosa y él la conseguía.

Al otro día Travieso y yo nos encontramos con Viciedo y otro piloto que creo provenía del antiguo cuerpo de la Marina de Cuba. Nos dijeron que se iban para Stanleyville, que la ciudad había sido ocupada, que se la habían quitado a los comunistas. Estos pilotos eran los que volaban los aviones C-46, que son de carga.

Sin informar a nadie nosotros nos fuimos también para Stanleyville, llegamos allí y nos encontramos con René García, Panchito Álvarez, Castor Cereceda y Fausto Valdés, y otro al que le decían el Petit. El Petit, no era piloto. También estaba Ponzoa que había regresado esa misma noche.

Recuerdo que René García llegó a vernos con un alarde del carajo, portaba una ametralladora y nos preguntó que hacíamos allí. Travieso le dijo que había ido volando y de inmediato García le respondió que regresara a Leopoldville, donde pilotearía aviones T-28.

Aclaro que el jefe allí era René García, cuando terminó con Travieso se vira para mí y me dijo que no podía ponerme de capitán porque no había en esa base B-26 y sin esperar un segundo le pregunte que había con los dos B-26 que habíamos visto en el hangar de Leopoldville.

Ahí tuvimos unas palabras porque me respondió que esos aviones no se volaban y cuando le pregunte por qué, me respondió que él había dado esa orden porque esas naves soltaban las alas.

Seguimos en el cruce de palabras y le solté que mi contrato era para B-26, cualquier tipo de B-26 y que yo iba a chequear de nuevo los aviones y si podían volar yo los volaría.

La situación se calmó después de la discusión y cuando revisé los aviones resultó que podían volar. En ellos serví como copiloto en dos o tres ocasiones, primero con Soto Rojas y una con Fausto Valdés. Rojita había sido piloto de la Marina.

Debo decirte que estuve muy poco tiempo de copiloto, entrené aquellos amigos en el modelo B26-K porque los americanos no le habían dado el entrenamiento necesario.

Nuestras incursiones tenían como objetivo atacar al enemigo. Atacábamos posiciones rebeldes. Aquellos aviones tenían cohetes de 2.65 y ametralladoras de calibre 50.

En una ocasión nos informaron que se iba a producir una reunión muy importante de varios jefes rebeldes en una hacienda que estaba como a unos 80 kilómetros de Stanleyville. Nos dijeron que la operación empezaría a las 5 pm y me plantearon que si estaba dispuesto a realizarla.

Por supuesto que respondí que sí. Aquella finca era verdaderamente grande. Calculé todo para la operación. Distancia del blanco, la velocidad que debía desarrollar y a las 5 de la tarde de ese día el Ángel Exterminador le cayó a aquellos comunistas del cielo, destruyendo el lugar y acabando con la reunión.

Lo interesante es que como una semana más tarde se me acerca uno de los Consejeros y me dice que en la reunión con los rebeldes había estado presente un cura y que había muerto en el lugar. Le conteste que el cura se lo había buscado. Realmente no me causó ninguna pena la muerte del cura.

Hicimos muchas operaciones contra los grupos rebeldes, ellos operaban en diferentes lugares, se podría decir que estaban prácticamente en todo el país.

También hicimos muchos vuelos de reconocimiento en los que nos orientábamos por determinados puntos geográficos pero por supuesto también usábamos los mapas.

Recuerdo que en el segundo vuelo que hice con Roja, en el B-26, él era el capitán y yo el copiloto, fuimos a un lugar que se llamaba Polis y cuando regresamos vimos desde las alturas un río y es que Stanleyville está al lado del Río Congo que tiene muchos afluentes que son muy poderosos, la verdad que a veces no sabes cuál es el río principal, así que cuando regresamos lo hicimos por unos de los afluentes lo que es peligroso, porque extravías el rumbo y puedes perderte y eso fue lo que nos pasó a nosotros en una ocasión.

Volar encima de la selva, es lo mismo que volar encima de una frazada. Yo te voy a mostrar los mapas. Los mapas tienen muchas villas, muchos caminos, pero nada de eso se ve desde las alturas. Por ejemplo, los árboles en la selva pueden tener más de quince metros de alto y pueden pasar los cinco metros de ancho, en consecuencia no puedes ver el camino u otros puntos de referencia para poder llegar a tu objetivo o regresar a la base.

Volamos por encima de la corriente de agua equivocada. Fui yo el que se dio cuenta porque me gustan mucho las edificaciones y resulta que en la confluencia del río Congo con el río ese, que se llama Arruwine, había una iglesia preciosa que había sido usada por los misioneros.

Cogimos el río y pasamos por la iglesia, pero habíamos tomado el rumbo equivocado, teníamos que ir en la ruta contraria a la que llevábamos, esa noche no nos perdimos y nos salvamos se puede decir de milagro, en aquella situación tan complicada yo me repetía, "Coño, que mala suerte la mía, llego aquí y en el segundo día me pierdo en la selva", y es que el B-26 solo podía aterrizar en los aeropuertos de Leopodlville, Stanleyville o en Goma.

Los guerrilleros en aquellos primeros meses no tenían artillería antiaérea, después la tuvieron y bastante, pero si tenían fusiles AK-47, fue en África donde por primera vez vi ese tipo de armas.

Eso que decía la propaganda comunista de que solo estaban armados de flechas y lanzas es una gran mentira, no descarto que algunos las usaran, pero la inmensa mayoría de los guerrilleros comunistas, y digo inmensa mayoría para dejar un hueco, tenían buenas armas, allí habían muchas ametralladoras de fabricación china y tenían una que se llamaba Deikiaref, que venía siendo una ametralladora calibre 30 y también tenían otras ametralladoras de calibre 50. Te voy a contar después una anécdota con una de esas calibre 50.

Los rebeldes que estaban cerca del Lago Tanganica a veces acampaban en una aldea llamada Kiunga Bala Bala y el otro que se llamaba Chungo, eran en realidad la misma fuerza, pero cada una de las bases estaba en una orilla diferente del lago que como saben es bastante grande.

En una de estas bases había información que se ubicaba el "Che" Guevara con sus cubanos comunistas.

Kiang Bara-Bara estaba más o menos a mitad de camino entre

Albertville y Bukavo, nosotros por lo regular volábamos sobre esa área porque allí siempre había una gran actividad de los comunistas.

Te cuento esto porque los espías que tenían eran unos negros que les iban con las informaciones y parece que a los negros no les decían que allí había cubanos. Solo lo sabían la gente de contra inteligencia. Allí se concentraban muchos guerrilleros y era un punto de información y desinformación.

Un día nos ordenan una operación contra Kiunga Bala-Bala y Chungo, en el primer lugar había un nido de ametralladora bien montado, yo piloteaba un B-26K, mi copiloto era Armando Piedra, y el otro avión era un T-28.

Recuerdo que localizamos el nido de ametralladora y cuando me disponía a atacar el piloto del T-28 que era muy amigo mío que se llama Blázquez, me dijo, espérate que lo quiero para mi, y lo hizo, trepó con el avión como tres mil pies sobre tierra y atacó a fondo. Acabó con todo aquello.

Posteriormente los comunistas restauraron el nido de ametralladora que fue de nuevo atacado por Rafael García Casales, con un B-26, pero de tierra les hicieron blanco y le apagaron un motor de los dos que tiene ese avión. No cayeron a tierra de milagro, lograron aterrizar en Albertville.

Estando en Stanleyville recibimos la noticia que se habían perdido dos Tangos que era como le decíamos a los T-28, eso nos lo informaron por radio desde Bunía, la base a la que pertenecían los dos aviones. Estos aviones llevan piloto, co-piloto o un alumno si fuera el caso, porque son aviones que sirven para varias funciones.

Según informaciones Tuñón y Perón, tú conoces a Perón, iban en dos T-28. Perón llevaba a un norteamericano que fue el individuo que los negros de la aldeíta habían curado.

Recuerdo que Castor Cereceda, era jefe de la base de Stanleyville a la que yo pertenecía. Solo sabíamos que se habían perdido y que había que ir a buscarlos. Imagínate la situación. Salimos como a la siete. A la siete ya era de noche, pero de noche, a esa hora la oscuridad era total. Salimos de Staleyville en dos aviones B-26, porque Cereceda había ordenado que salieran las dos tripulaciones que más experiencia tuvieran.

Él partió en un avión, no recuerdo el nombre del co-piloto y yo fui de co-piloto de Panchito Álvarez. Panchito llevaba en el Congo mucho tiempo. Te aclaro que eso ocurrió en los días en los que yo había llegado, recuerdo que me dije "coño, esto es una misión one way trip, un one way trip".

Imagínate tú, son cosas de locos. A quien carajo se le ocurre, de noche en plena selva ir a buscar un avión que se cayó o se perdió. Coño, eso es como tratar de comerse un elefante, eso eran para mí en ese momento los aviones T-28.

Salimos de Stanleyville, había una luna preciosa, gigantesca. Pero cuando llevábamos volando como quince minutos empezó a llover, eran gotas de este tamaño, eran quarter de gotas.

Volaríamos hasta Poli, después cogeríamos por el lugar por donde supuestamente se habían caído, de allí regresaríamos a Poli y después de vuelta a Stanleyville. Realmente eran puntos de referencias, se suponía que estarían cerca del lugar donde se estimaba habían caído.

Bueno, el aguacero era de madre, pero a lo lejos vimos a Poli. En Poli estaba lloviendo, pero no tan fuerte. Llegamos a Poli. Los estuvimos buscando por un par de horas. Además de eso quien carajo nos iba a oír en la selva aquella. Tú no sabías si habían caído en un llano o en el bosque. Qué tú vas a buscar de noche. De día aquello era del carajo, figúrate de noche.

Terminamos y regresamos a Poli. De allí fuimos para Stanleyville con aquel aguacero que asustaba a cualquiera. Cuando llegamos Stanleyville, lloviznaba. Nos volvió el alma al cuerpo.

Quince minutos después de aterrizar se apagaron las luces en Stanleyville. Si nos demoramos quince minutos más, nos jodemos, o nos tiramos en paracaídas o buscamos un río, y nos ahogamos. Aquello fue una misión suicida.

Te voy hacer otro relato. Una vez volando un AT-6, al piloto le perforaron a tiros una línea de gasolina, perdió el combustible, se quedó sin gasolina y tuvo que hacer un aterrizaje forzoso.

Al día siguiente me llaman al comando y me informa que un

avión AT-6 de los sudafricanos había caído y que tenía que salir a buscarlo.

Mi copiloto era un compañero de nombre Cardo Lugo y volamos hasta el área en la que se nos había informado que había caído el avión. Le dimos muchas vueltas a la zona, íbamos de un extremo a otro, hasta que le propuse a Cardo volar sobre otros lugares por si la información estaba equivocada.

Nos alejamos unas veinte millas de donde dijeron que se había caído el avión y me puse hacer un cuadrilátero en eso vi una casa y se la mostré a Lugo señalando que estaba muy bonita, a lo que me contestó. ¡Estás loco! ¿Dónde es?

En ese momento habíamos volado en la otra ruta varias millas cuando decidí regresar sobre lo que habíamos volado, aquello era una sábana inmensa que llegaba al horizonte.

En eso vi una arboleda grande y de pronto no veo la casa, sino el AT-6 en tierra, pero no se veía ninguna persona en las cercanías de la nave y entonces decidí marcar en el mapa el lugar, después de eso regrese a la base.

Cuando llegué a la base fui a ver a un norteamericano al que le decíamos el "Espión" que era el jefe de la base y era al que teníamos rendir todo tipo de información. El individuo miró el mapa con detenimiento y tuvo una expresión fuerte.

Al día siguiente me dijo que volviera de nuevo al lugar y llévale esto. Habían preparado un cajón con comida y otras cosas.

Partí de nuevo y cuando estuve a la altura de la nave que se encontraba en tierra di varios pases bajando cada vez más en cada uno de ellos y cuando estuve bien bajito abrí las puertas del bombero del avión y dejé caer la caja de comida.

Después de hacer eso seguí volando, hice otro cuadrilátero en esta ocasión más grande, di varias vueltas con la intención de que si había enemigos en las proximidades no pudieran sospechar que yo estaba buscando algo en particular, la intención era despistar a cualquiera que estuviera observando de que uno de nuestros aviones estaba en tierra sin protección...

Quiero decirle algo en esa época los aviones AT-6 ya no volaban. Quienes volaron ese tipo de avión fueron los primeros cubanos que llegaron a África, y después empezaron a volar los T-28.

Los AT-6 eran muy buenos aviones que habían sido preparados por italianos. Esas aeronaves tenían cuatro ametralladoras calibre 30 y también tenían capacidad para tirar cohetes. No eran un fenómeno, pero también se podría decir que los AT-6 eran una especie de leones pelados al rape, porque a pesar de que estaban superados por el T-28 en varios aspectos eran muy buenos.

Pasé por el mismo lugar al día siguiente, la comida que había tirado no estaba pero no había huellas de persona alguna.

De regreso a la base fui a ver de nuevo al jefe y le informé de los resultados de mi nuevo viaje, le dije que no estaba la comida pero que no había señales de vida y que suponía que si el tipo estaba allí habría marcado su posición con dos o tres palos en forma de flecha o recurrido a piedras para llamar la atención.

El hombre no quería abandonar al piloto y me vuelve a decir que pasara una vez más por el lugar y que le tirara más comida, ese día el hombre si había hecho una marca con unas piedras.

A partir de ese momento actuaron unos paracaidistas belgas que estaban situados en una base que se llama Lizarra. Ellos se aprestaron para tirarse en el lugar y yo serví de guía del avión que los iba a transportar, también era una especie de escolta de los paracaidista porque desde el aire los podía proteger en cierta medida de un ataque enemigo.

Esos tipos eran realmente valientes porque se tiraron en territorio ocupado por el enemigo, posteriormente llegaron soldados belgas para prestarles apoyo, pero fueron los paracaidistas los que rescataron al piloto y se sumaron a la columna.

El hombre se salvó porque se pasó todo el tiempo dentro del avión para protegerse de los leones, porque cuando el avión tocó tierra un grupo de leones se acercó y parece que el piloto se aconsejó y decidió salir cuando consideraba que tenía alguna seguridad.

Otra misión que cumplí fue cerca de la República Centro Africana. Una carretera en el norte del Congo establece la frontera de los dos países. Desde el aire pude ver una columna de mercenarios, el quinto comando que dirigía Mike Hoare, esa gente estaba peleando duro y nosotros atacamos desde el aire. Vi aquel hombre caminando por la carretera hacia los rebeldes, para arriba de las balas sin inmutarse.

Desde el aire localicé las posiciones del enemigo y no perdí tiempo. Hice un giro y ataque con las ametralladoras y los cohetes, es difícil explicar ese tipo de acción porque todo ocurre muy rápido, para mí lo importante fue que sacamos a los rebelde de aquel lugar.

Ahora te voy hacer el cuento de los famosos soldados del Che Guevara. Tú sabes que hay un señor que estuvo con Guevara y se hace llamar el comandante Benigno[78].

No sé si conociste a Tristán García que había sido piloto de Cubana de Aviación, la línea aérea insignia de Cuba.

García volaba un T-28, él estuvo como tres años en El Congo, y estuvimos juntos cerca de dos años, el estaba en el proceso de aprender a volar B-26 pero cuando le dieron la transición que es como eso se llama el cambio de un tipo de avión a otro, yo estaba aquí en Estados Unidos de vacaciones.

Cuando llegué de las vacaciones él estaba verde, verde en los B-26. Entonces me dice el jefe de la base que volara con Tristán como copiloto porque aparentemente necesitaba más práctica de vuelo con esa nave.

Fui con Tristán y le dije vamos para Kiunga Vara-Vara, vamos a tirar a Kiunga Vara-Vara, en ese momento la base nuestra era en Albertville.

Tomamos rumbo norte. Salimos pero frente a nosotros había muchas nubes y estaba todo muy oscuro. Kiunga Vara-Vara está al borde de una cordillera y bordea al Lago Tangañika, por la parte del Congo. Por un lado están los farallones de la cordillera y por el otro lado está el lago.

---

78. Dariel Alarcón Ramírez, «Benigno» participo en la insurrección contra el régimen de Batista. Estuvo bajo el mando de Ernesto Guevara en el Congo y Bolivia donde fue uno de los tres cubanos sobrevivientes. En 1994 se exilió en París. En 1997 publicó el libro «Memorias de un soldado cubano". En 2006 publicó el libro «Benigno: denier compagnon du Che» con Christophe Dimitri Reveille.

Para atacar en Kiunga Vara-Vara tienes que venir paralelo a la cordillera, porque si vienes de Este a Oeste te encuentras con el farallón de la cordillera, entonces tienes que venir paralelo con el lago y empezar a disparar al blanco.

Efectivamente, llegamos al lugar y empezamos a dispararle al blanco y de pronto empezamos a ver rayitas en el cielo que venían hacia nosotros y es que desde tierra el enemigo nos estaba disparando con balas trazadoras, nos estaban haciendo con trazadoras un barraje, estaban disparando de manera que nosotros chocáramos con las balas, pero el estúpido que lo estaba haciendo al parecer no sabía que con una sola ametralladora no se puede hacer barraje, porque para hacer eso necesitas tener varias piezas de artillería antiaérea.

El enemigo le dio varios balazos al B-26 en el que iban Rafael García y Piedra. El B-26 trepó como 2000 pies por encima de la Sierra y metió una picada casi vertical descargando todo su potencial de fuego, acabando con todos lo que estaban allí.

Aquello estuvo bueno y estoy seguro que si hubiera sido un T-28 habría derribado el avión, lo mismo habría ocurrido si en vez de usar balas lumínicas hubieran usado otro tipo de proyectil.

En otra operación cerca de Stanleville por un río que se llama el Lumami había una fuerza de apoyo a los insurgentes que estaba pasando alimentos y municiones a los rebeldes que estaban al sur de la ciudad.

Ellos habían construido una especie de puente con las canoas, habían colocado una canoa junto a la otra, y colocado tablas sobre las mismas y como yo tenía la orden atacar cualquier objetivo del enemigo que estuviera en el rio me preparé para hacerlo.

Mirando desde arriba el puente de las piraguas vi que en la orilla del río se iniciaba una pradera muy grande pero que en el otro lado del puente, al oeste, había selva, lo que era muy propicio para el ataque.

Ataqué el puente de canoas con varios pases de fuego, cohetes y ametralladoras, pero como venía entusiasmado con lo que estaba haciendo de buenas a primeras me doy cuenta que estaba metido en la selva, trepé con el avión lo que pude pero a pesar de eso me lleve árboles, troncos, bejucos, no sé cuántas cosas, la cuestión es que cuando aterrizé en Stanleyville, la gente de tierra me preguntó dónde me había metido, porque dentro de los motores, dentro del cable del motor y los cilindros, había ramas de árboles y el avión por su parte inferior se había golpeado y las puertas del bombei estaba magulladas.

La última vez que estuve en el Congo fue cuando los mercenarios quisieron ocupar Katanga, ellos querían derrocar a Joseph Mobutu para poner a otro gobernante. Eso ocurrió en 1967 y tuvo lugar cuando ya había terminado nuestra lucha contra los castro comunistas.

Te digo una cosa, el enfrentamiento a gran escala con los mercenarios hubiera sido diferente, porque esa gente si sabía tirar, en una ocasión me pegaron siete tiros en el avión, creo que esos mercenarios estaban pagados por la Unión Miniere y eran parte del quinto comando que habían quedado en Katanga pero que en esta ocasión estaban liderados por un belga de nombre Schramp.

Ellos tomaron Bukabo, la parte norte de Katanga, y operamos en su contra desde Albertville. Nosotros atacamos a Bukabo con aviones T-28, pero ellos abandonaron esa ciudad. La rebelión duró como tres meses o tres meses y medio y logramos vencerlos, en esta ocasión los pilotos cubanos que combatimos fuimos solo cuatro.

En esta rebelión no estuvo el conocido mercenario Michael Hoare[79] que era quien mandaba el Quinto Comando originalmente. El abandonó el Congo cuando concluyó la primera etapa del conflicto. Estos mercenarios eran belgas y de otros países.

---

79. Thomas Michael Hoare, 1920, natural de Irlanda, fue un líder de mercenario conocido por sus operaciones militares en África y su fracaso en un intento de golpe de estado en las isla Seychelles

Federico Flaquer.
Estudiante de aviación en Cuba. Trabajó en Cuba en Braniff International. Miembro de la Brigada 2506.

Participé en la expedición a Cuba de la Brigada 2506 para combatir la dictadura de los Castro. Formé parte de un cuerpo que se llamó Operación 40 que se dedicaba a actividades de inteligencia.

Cuando ingresé a la Brigada era muy joven, y tenía muy poca experiencia, por eso cuando intenté incorporarme al cuerpo de aviación me rechazaron planteándome que tenían mucha gente con experiencia de guerra y en particular en aviones B-26 que como recordarán eran los que usó en su mayoría la 2506.

Al ver que no podía ingresar en la Fuerza Aérea pedí ir de todos modos y me asignaron como te dije a la llamada Operación 40.

La labor de nuestro grupo era que según fuera avanzando la Brigada en territorio cubano se tenía que recoger la mayor información posible.

A veces interrogando a la gente cada vez que uno de nuestros miembros llegaran a un pueblo o comunidad. También teníamos que controlar a la ciudadanía para que no hubiera ningún tipo de abuso o violación de las leyes. En fin, mientras avanzaban las tropas nosotros nos dedicábamos a evitar que surgieran problemas que afectaran sus actividades.

No llegué a desembarcar, el barco en el que era transportado se quedo atrás, porque la verdad que en todo aquello se apreciaba una desorganización muy grande, pero lo peor no fue que yo y otros compañeros no pudiéramos dar nuestro aporte, lo verdaderamente malo fue que en ese buque que se quedo a mitad del mar Caribe se transportaba un cargamento vital para el éxito de la misión porque era donde estaban las armas pesadas, los morteros, los cañones, ect.

Aquel barco, y perdona la digresión, fue una lección inolvidable se quedó sin petróleo a mitad del camino, hubo que esperar dos días a que llegara una barco con petróleo para traspasarlo.

Llegamos al área de desembarco un día después de iniciarse

la operación, ya había desembarcado prácticamente todo y entonces nos dieron la orden de partir para el Oriente de Cuba para establecer en esa zona un segundo frente de combate, el asunto es que cuando llegamos allá, ya todo se había perdido.

Después de Girón por un tiempo seguí colaborando con los americanos en la lucha contra la dictadura de los hermanos Castro. Por algunos meses colaboramos con las fuerzas clandestinas incluida la operación Mongoose.

Después vino la crisis de los misiles y un grupo de nosotros quedo en la reserva, para seguir colaborando con los americanos en caso de que se produjera un desembarco en Cuba.

Terminada aquella situación decidí partir para Puerto Rico y establecí un negocio en el que volaba dos aviones por la zona costera de la isla pero realmente no me estaba siendo bien, y en ese entonces llegaron Perno, Gastón Rodríguez, Gustavo Ponzoa y empezaron a contarme lo que estaba pasando en el Congo.

La verdad es que los pilotos somos un núcleo muy unido, siempre estamos en contacto y nos apoyamos mutuamente.

La operación del Congo comenzó en el año 63, los primeros que fueron para allá como hablamos anteriormente eran pilotos de la Brigada con mucha experiencia, porque en África se usaron los B-26, el mismo tipo de avión que se usó acá en playa Girón, comenzaron con los AT-6 y después los T-28, entonces los primeros pilotos que arribaron al Congo fueron los que habían piloteado aviones en playa Girón.

Eran pilotos con vasta experiencia. Entre ellos estaban Gustavo Ponzoa, René García, Raúl Solís, Pupi Valera, Ginebra y varios más. Ellos fueron los pioneros de aquella operación.

Cuando arribaron al Congo tuvieron que dormir en casas de campaña. Sus aviones no estaban debidamente artillados, realmente estaban desarmados, independiente a que eran aparatos viejos, obsoletos.

Fue un mecánico cubano el que hizo la adaptación, se llama Segisberto Fernández, le puso a aquellos aviones unos pequeños cohetes que sirvieron para atacar a los rebeldes.

También quiero decir que en El Congo operaron cinco pilotos de nacionalidad colombiana, que no tenían que pelear por disposiciones de los americanos. Eran pilotos de mucha experiencia, pero solo les permitían volar aviones de transporte.

El asunto central fue que me informaron que en ese país había una gran presencia de militares cubanos, que entre ellos estaba Ernesto Guevara como jefe, lo que me motivo que yo hablara con gente que conocía en Miami y establecí relación con Roberto Medel que era por lo que me habían dicho el individuo a cargo de buscar personal calificado en estos asuntos para enviarlo a África, al Congo específicamente.

Fui a África para luchar contra el comunismo. No nos dieron suficiente respaldo ni nada de eso, pero estábamos dispuestos a hacerlo, esa es la verdad.

Vine para Miami y empecé a trabajar con una compañía asentada en Key West, pero como nosotros habíamos salido de nuestra Patria para luchar contra el comunismo empecé a localizar a Medel hasta que lo encontré.

Cuando nos vimos me dijo que para el próximo mes iban a tomar otros cinco pilotos y que si estaba dispuesto a pasar un interrogatorio y un chequeo, para comprobar si todo conmigo estaba bien.

En realidad en aquel primer encuentro no hubo tal chequeo. Más bien fue una reunión entre amigos, todos teníamos deseos de hacer algo por nuestro país y en contra del comunismo. En realidad queríamos vengarnos por lo que habíamos vivido en Bahía de Cochinos, en fin una revancha si le quieren llamar así.

Aquí en Estados Unidos nos dieron un entrenamiento de vuelo que fluctuaba entre las ocho a diez horas diarias. No era un entrenamiento de guerra porque no se puede disparar desde aviones sobre los Everglades[80], pero más o menos hicieron evalua-

---

80. El Parque Nacional de los Everglades, es el parque natural subtropical más grande de Estados Unidos, y cuenta con especies raras y en peligro de extinción. Ha sido designado Patrimonio de la Humanidad, Reserva Internacional de la Biosfera y Tierras Pantanosas de Importancia Internacional (Wetland of International Importance), relevante para toda la humanidad. Este parque nacional es el tercero en tamaño en Estados Unidos continental y cubre 2,400 millas cuadradas (3800 km²).

ciones de nuestras habilidades, pruebas médicas y también pasamos el detector de mentiras y por último nos pusieron unas quince inyecciones para prevenir contraer algunas de las enfermedades que se pueden coger en África.

Yo partí para el Congo en el año 1966. Cuando hay conflictos las grandes potencias tienen que ponerse a reclutar más gente para mantener la seguridad y nosotros firmamos un contrato por seis meses, pero por lo regular los asesores y consejeros que estaban destacados en el lugar de operaciones siempre nos pedían, por supuesto que era voluntario, que extendiéramos nuestra permanencia.

La extensión para ellos era mejor porque no tenían que preparar el personal recién llegado como había ocurrido con anterioridad con nosotros, pero tú sabes que los cubanos estamos acostumbrados a estar cerca de la familia por eso prácticamente a los seis meses a todos nos entraban ganas de regresar.

El hecho de que se firmara por seis meses hacía que se cambiara mucho el personal, pero alguno volvía a enganchar por seis meses más y hay quien estuvo hasta tres años.

En el mes de marzo se presentó un problema con los katangueses y por eso reclutaron más personal. En ese viaje fuimos cuatro o cinco cubanos, recuerdo que entre ellos estaba Cantillito.

Llegamos a la capital, Stanleyville. Después viajamos a Leopoldville conde se nos impartió un nuevo entrenamiento, pero en esta ocasión fue más intenso porque ya los aviones estaban armados con sus cohetes y las ametralladoras calibre 50.

Los aviones, como ya han dicho otros compañeros, eran T-28 y B-26. Hacíamos prácticas de vuelos con instrumento pero también de tiro.

Recuerdo que teníamos que volar a unas quince millas o más de la base. Hasta un lugar en el que había unas montañas. Allí situaban unos bidones de gasolina y una tanquetas viejas a los que teníamos que dispararles.

Después de ese entrenamiento nos enviaban a diferentes bases. En aquel entonces había cinco o seis bases para la aviación y a cada una de estas bases se asignaba grupos integrados por entre cuatro a seis pilotos.

Por lo regular los mayores problemas se presentaban en la zona este del país porque era en esa parte donde más operaban las guerrillas comunistas.

Por ese lugar se inició el conflicto. Fue por la parte este del lago por donde entraban los guerrilleros y las personas que Castro había enviado al Congo bajo las órdenes de Ernesto Guevara.

La guerrilla empezó la guerra con mucha agresividad. Con ofensivas constantes. Tomaron muchos pueblos y causaron mucha destrucción pero con el tiempo fueron controlados.

Yo llegué en esa época, cuando las guerrillas tenían menos bríos y creo que también recursos. De ellos solo quedaban pequeños focos, ya no era como en 1964 cuando parecía que iban a controlar toda África, porque no tengo dudas que si no los paran en aquel momento, se hubieran cogido al menos la mitad de ese continente.

Nosotros le prestábamos apoyo a los integrantes del 5to y 6to comando que estaba formado por mercenarios de varios países europeos, aunque muchos de ellos eran de nacionalidad belga. Nuestro trabajo consistía en prestarle apoyo aéreo en su avance por territorio enemigo.

La manera de operar era bien sencilla. El mando de las fuerzas de infantería nos informaba donde se encontraba el enemigo y nosotros procedíamos como se dice a "ablandar" sus posiciones, por lo regular los lugares que atacábamos eran edificios, naves y tanques, también concentraciones de soldados enemigos.

Mi primera misión en África que nunca se me olvidara fue volar un Krimbice que es un avión de carga de dos motores, un C-45, una nave en la que tenía experiencia. La misión era llevar hasta otro aeropuerto a un mecánico.

Volé desde Kinshasa a una distancia de 400 a 500 millas, no había recursos tecnológicos para la navegación, se navegaba orientándose uno por los ríos pero esa experiencia y conocimiento se aprendía con la práctica y no sin correr grandes riesgos.

Volabas por el rio Congo y sabias que si la corriente estaba para abajo, quería decir que estabas en una área determinada pero si la corriente surcaba en rumbo contrario entonces era que habías cambiado de ruta, eso parece insignificantes pero de esos detalles depende de que te pierdas y hasta puedas perder la vida.

En esa época no tenía experiencia de volar en esas condiciones y me perdí, a eso le sumas que se nos presentó un mal tiempo bastante severo.

En fin no pude llegar al lugar que iba porque entre otros factores como les dije el tiempo estaba malo, quise virar para el punto de partida pero no fue posible, pero bueno para no hacer muy larga la historia llegó el momento que el C-45 se quedó sin gasolina y tuve que realizar un aterrizaje forzoso.

Me acompañaba otro muchacho en la cabina pero también llevábamos dos mecánicos en la parte de atrás de la nave.

La situación era difícil. Caímos en una provincia que se llama Kiwi que era donde más caníbales había en el Congo, según nos contaron después de ser rescatados.

Al poco rato de estar en tierra vimos que hacia nosotros venia un grupo de indígenas que cuando llegaron a nuestro lado nos dijeron en su idioma que no había problemas, que podíamos comer con ellos si queríamos.

Recuerdo que aquellos tipos tenían los dientes muy afilados, cosa que no me gustó y me gustó mucho menos cuando uno de los mecánicos que nos acompañaba me dijo que la comida de esa gente íbamos a ser nosotros.

A pesar del mal rato, tanto por el aterrizaje forzoso como por los caníbales nos acompañó la suerte, porque tuvimos tiempo de comunicar por radio nuestra posición y situación, y fuimos rescatados.

Nos salieron a buscar Tony Velázquez y Jorge Bringuier, con un piloto italiano, iban en un T-28, pero desde el aire cuando nos vieron, estaba atardeciendo, también vieron que desde las montañas iban bajado muchos indígenas hacia el lugar en el que nos encontrábamos y como eso les llamó la atención decidieron hacerle unos cohetes de advertencia a aquella gente.

La gente que venía de las montañas se paró y le dije a los que estaban cerca de mí que los pilotos de aquellos aviones eran nuestros amigos y que venían para rescatarnos. Apreciamos que la situación cambio, y enseguida nos dieron para beber y para comer.

Unos minutos después desde otro avión, en esta ocasión de transporte que volaba sobre nosotros, nos lanzaron en paracaídas unos tanque con gasolina de los cuales explotaron tres, pero pudimos rescatar los dos bidones restantes, arrancamos el avión y nos fuimos de allí.

Entonces fue cuando me di cuenta, que tener experiencia en esa zona era muy necesaria, porque si no sabes donde estas, y no te das cuenta de lo que está pasando, no sobrevives.

Bueno, mi mayor experiencia, fue en el segundo viaje.

Se suponía que el país estaba más tranquilo aunque en honor a la verdad esa zona como se aprecia a través de la historia nunca está tranquila. Siempre hay tribus, naciones como también se les dice que por una causa u otra entran en conflicto con otras tribus.

En esta ocasión el conflicto no fue iniciado por los congoleses sino por los mercenarios, al extremo que algunos le decían la revolución de los mercenarios.

Los grupos de mercenarios que habían combatido en África eran el 5to. y 6to Comando pero ya habían sido despedidos por quienes les pagaban y partido para África del Sur con su dinero en el bolsillo.

La fuerza que quedó en el área integraba el 10mo Comando, que en su mayoría eran naturales de Bélgica pero también había españoles.

En agosto de 1967, después que nosotros nos habíamos ido, tomaron la decisión de apropiarse del Congo e invadieron Stanleyville, que era la segunda capital del país. Ellos llegaron a ocupar una gran parte del Congo. Ocuparon la costa hasta el lago Tanganica.

Cuando nos fuimos para Estados Unidos habíamos dejado 12 aviones T-28, porque los aviones B-26 habían sido trasladados para Viet Nam, donde las cosas estaban bien calientes.

A nuestro regreso, dos meses más tarde, solo quedaban cinco aviones. Los otros habían sido derribados o simplemente se cayeron. Los pilotos que quedaron operándolos a nuestra partida eran daneses y de otras nacionalidades.

Fue muy duro enfrentar a nuestros antiguos compañeros. Íbamos a pelear con gente con la que habíamos peleados hombro con hombro.

Regresamos cinco pilotos cubanos. Nuestro arribo fue a la capital, Leopolville, de allí seguimos para la base aérea más próxima a donde estaban acantonados los mercenarios.

En ese lugar nos organizamos y empezamos a darle soporte al ejercito congolés que era el que se estaba enfrentando a los mercenarios que eran gente que de mas está decirlo si sabían pelear, entre ellos había varios paracaidistas que creo que eran israelitas que eran todavía más duros de pelar que el resto.

Recuerdo un pueblo que se llamaba Bucabo o algo así, que estaba situado en una orilla del lago.

Los mercenarios concentraron en un lugar de la zona que ocupaban, una parte que estaba pegada al río, una gran cantidad de camiones y el comando nuestro ordenó que preparáramos un ataque para destruir aquellos vehículos, mientras la infantería atacaría al enemigo que estaba ubicado en una loma.

En la operación participamos tres aviones y yo piloteaba el que primero entró al área de combate, pero para mi sorpresa nos estaban esperando, aquellos tipos de tontos no tenían nada porque habían montado sobre unos yeeps unas ametralladoras calibre cincuenta y nos cogieron en fuego cruzado.

Quiero hacer un comentario. Los aviones no son derribados por el hecho de que le apuntes con un arma sino por el barraje de fuego, la cantidad de disparos que puedas hacer en su contra desde tierra. Otra cosa son los misiles teledirigidos pero les estoy hablando del tipo de guerra que nosotros hicimos en África.

La realidad es que mientras desde el avión se está disparando a un objetivo en tierra, es muy difícil que te devuelvan el fuego, he hablado de eso con muchas personas que conocen de esos asuntos y tienen esa opinión, pero cuando el avión cesa de disparar porque está saliendo del área de ataque, lo que viene en su contra es mucho.

El asunto es que caímos en su trampa. El fuego en nuestra contra era muy intenso. Trate de evadir la artillería enemiga, cambiar de ruta pero aun así me impactaron el avión como seis veces y le aseguro que cuando el avión en el que estás volando recibe disparos, es como si estuvieras metidos en un bidón de esos que se usan para gasolina y lo estuvieran golpeando. El ruido de esos impactos era ensordecedor, fue una experiencia fuerte.

Después de ese enfrentamiento sino nos quedó dudas que estábamos luchando contra otra gente. Aquellos eran soldados profesionales, era la misma gente como señalé hace un rato que habían compartido con nosotros el anterior proceso.

La ofensiva nuestra fue fuerte y ellos se fueron retirando hasta ingresar a territorio angolano. Cruzaron la frontera y ocuparon varios cuarteles. También ocuparon equipos de transporte entre ellos un tren con varios vagones, entonces les caímos atrás con todos nuestros recursos.

El combate se transfirió para territorio angolano, allí se formó un lío de los grandes, porque recuerdo que aparte de la artillería también tenían unas tanquetas.

El asunto es que junto a otro piloto volamos sobre territorio angolano, pero tuvimos que salir del área cuando la fuerza aérea de ese país nos cayó atrás, salimos corriendo. Eso fue a finales de 1967.

Un tiempo después los mercenarios se rindieron y nosotros regresamos a Estados Unidos. Así se terminaron las operaciones en África, al menos en esa etapa, en total los cubanos estuvimos en áfrica luchando contra los comunistas y castristas cubanos al menos cinco años.

Quiero hacer notar algo, mientras estuve en África no se perdió ningún piloto cubano. Los que cayeron fue en 1964, si no me equivoco.

Este es un tema aparte pero puede ilustrar en alguna medida de como actuaban estos hombres.

En una ocasión ellos invadieron a Angola en bicicleta. Angola se estaba volviendo comunista y ellos desembarcaron en el territorio y en bicicletas, eran unos 150 se dispusieron atacar, a aquello le llamaron la invasión de las bicicletas. En esa guerra triunfaron algunas veces, porque en honor a la verdad, al menos los soldados africanos de aquella época tenían muy poca disposición de combate.

En el continente africano había un problema muy grande y es que todos los países poderosos, las potencias, ansiaban los recursos minerales de ese continente.

Entre ellos por supuesto que estaba Estados Unidos pero también los chinos y los rusos. Los belgas que habían colonizado parte del territorio africano no querían perder sus prerrogativas y rechazaban que Estados Unidos ocupara su lugar en ese continente así lo hubieran propuesto los gobiernos de los países que habían estado bajo su control colonial.

Hay que destacar que el presidente Mobutu, también era general, estaba de parte de Estados Unidos y por eso fue que nos enviaron a darle soporte.

Una situación curiosa era que aunque los belgas eran soldados de fortuna o mercenarios querían que fuera su país el principal protagonista de la contienda en esa parte del continente, ellos al igual que su gobierno, no sé si estaban de acuerdo, no querían que fuera Estados Unidos los que se quedaran allí.

Cuando vieron que no podían ocupar todo el territorio se decidieron apoderarse de la provincia de Katanga, la más rica de las provincias del Congo, allí había oro, cobalto, uranio, piedras preciosas, en fin de todas las riquezas que la tierra esconde.

La intención de los mercenarios era que Moisés Tshombe, que no era comunista pero tampoco pronorteamericano y que si estaba a favor de los belgas, cogiera el control de Katanga.

Tshombe dirigía más de mil gendarmes katangueses y contaba con el apoyo de más de doscientos mercenarios que en su momento llegaron a controlar la provincia de Katanga, pero cuando nosotros regresamos se peleó duro y le quitamos la provincia, como se dice, viramos la tortilla, y el presidente Mobutu recuperó el control de una provincia muy importante.

Gastón Rodríguez.
Piloto comercial. Piloto militar de la Fuerza Aérea de Cuba después del triunfo de la Revolución.
Al terminar mi servicio en el ejército de Estados Unidos en Fort Jackson, me encontré con varios amigos que estaban deseosos de participar en actividades contra el comunismo y fueron ellos los que me plantearon que me sumara a este proyecto del Congo.

En ese momento residía en Miami y me presenté en el lugar que me indicaron para hacerme un chequeo, yo tenía licencia de vuelo y a la semana estaba volando para África, vía Bélgica. Esto ocurrió aproximadamente en noviembre de 1964.

Llegamos al aeropuerto de Lepoldville que era el punto de entrada al Congo y allí fuimos recibidos por René Gracia, que era uno de los encargados. Él estaba acompañado por otras personas que también eran pilotos y otros que vestían de militar, pero no sé en qué arma prestaban sus servicios.

Aproximadamente una semana después volé a Lisala, una posición al lado del río Congo donde me encontré un grupo grande de personas que estaban destacadas en ese lugar.

Una de las operaciones que realizamos fue atacar las instalaciones eléctricas de unas minas que estaban en explotación, nos dijeron que el material que se extraía de esa explotación servía para armamentos nucleares. Ese lugar lo atacamos en dos ocasiones.

Era un lugar bastante grande, y se veía que había mucha gente trabajando, no estoy seguro si era cobalto u otro material que sirve para bombas atómicas.

Después que estuvimos allá, volamos hacia una planta eléctrica donde había un movimiento bastante grande de personas, y atacamos el lugar y le dimos duro, cogió candela aquello, y se terminó la misión en ese momento, es como yo lo recuerdo, eso era pegado a Lisala, no recuerdo muy bien, han pasado te repito muchos años.

Posteriormente atacamos varios blancos próximos a esa misma área.

También atacamos embarcaciones enemigas que surcaban el río Congo. Una vez atacamos una de esas embarcaciones que venía llena de rebeldes. Aquella embarcación fue descubierta por un compañero nuestro de nombre Tony. Realmente teníamos que cumplir todas esas operaciones para estar seguros que la zona estaba limpia de enemigos.

Los ataques se hacían de la siguiente manera. El líder del grupo era el primero en partir hacia el enemigo y cuando el salía entraba el segundo avión, eso se repetía hasta que se entendía que el enemigo había sido destruido. Las armas que usábamos eran ametralladoras y cohetes.

Allí permanecí un par de semanas hasta que fui trasladado para Bunia que era la base en la yo prestaría mis servicios. En esa base permanecí por varios meses hasta que derribaron a Fausto Gómez, un hombre muy joven que era amigo mío.

Ese triste suceso ocurrió de la siguiente manera. Estábamos volando en pareja, cada uno piloteaba un T-28, sobre un pueblo muy pequeño de nombre Malaui donde se suponía que estaban acantonados grupos rebeldes.

En tierra vimos una concentración de infantería rebelde junto a varios camiones, ametralladoras, todo protegido por árboles muy frondosos, el punto estaba pegado a la frontera con Uganda. Ese era uno de los baluartes que tenía el enemigo según informes previos.

Recuerdo que Fausto me dijo que me mantuviera volando arriba y que el entraría al ataque en primer lugar, en el tipo de operación que le dicen 1 y 2, eso significa que siempre hay un piloto vigilante para cualquier contingencia, lamentablemente fue cumpliendo esa maniobra, en la segunda entrada que hicimos, qué se produjo la tragedia. Fausto enfrentó una situación muy difícil, no salió de la picada con la que inició el ataque.

Al parecer o le dieron de tierra o hizo contacto cuando bajo el avión con la superficie, así como sucedió. Al principio pensé que sus disparos habían hecho blanco en un objetivo importante y hasta le dije por radio, "Felo Bemba que clase de tiro" y resultó que la explosión era del avión que el piloteaba, al parecer fue impactado por el enemigo y se estrelló.

Posteriormente, una hora más tarde, regresé al lugar, no para atacar sino para fijar el punto donde había ocurrido la caída del avión, avisar a la tropa y pedir ayuda.

Se le hizo una misa, allá estaban Leonardo Cedra y Claudio Esfirpe que era pilotos también.

Recuerdo que fue el 17 de diciembre de 1964.

Seguí en la misión. Recuerdo que frecuentemente chequeábamos desde el aire la situación alrededor de la base, intentando mantener el área libre de enemigos.

Poco después de esa operación seguí volando, pero posteriormente me trasladaron porque Claudio y Cedra se retiraron y pasé a pilotear aviones C-46 para servir como correo y otros tipos de actividades. Estuve prestando ese servicio hasta que me retiré de la operación del Congo.

Capitán, Juan Carlos Perón.

Piloto civil, fumigador de arrocera. Integró las Fuerzas Armadas de Estados Unidos, en el ejército como en la armada.

Fui junto a mis compañeros al Congo a combatir el comunismo. Teníamos información de que en ese país había gente de Fidel Castro bajo el mando de Guevara, ellos estaban apoyando a los rebeldes porque esperaban apoderarse de ese país que como todos sabemos es muy rico en minerales.

Por otra parte, al otro lado de la frontera, en el Congo Brazzaville que había sido una colonia francesa también había un destacamento de cubanos bajo la dirección de Risquet y un tipo muy cercano a Castro en aquella época conocido como Papito Serguera, que junto a otros cubanos más prestaban servicios de seguridad y protección al presidente.

No integré la primera oleada de pilotos cubanos que operó en El Congo. Fui en la segunda, recuerdo que llegué a mediados de 1964 cuando se iniciaban las actividades para la operación de Stanleyville.

En esa ocasión volé a África en compañía del capitán Santiago Méndez. Los viajes se hacían en grupo, siempre los organizadores de esta operación buscaban la forma de tener varios pilotos para trasladarlos juntos hasta el Congo.

Santiago Méndez y yo arribamos al Congo y permanecimos varios días en Lepolville. Fuimos entrenados en aviones T-28, porque aquí en Estados Unidos habíamos recibido preparación en los aviones AT-6, pero cuando llegamos al sitio de operaciones estos últimos aviones ya no estaban prestando servicio y los que se usaban eran lo T-28.

Los AT-6 según tengo entendido fueron entregados a unidades congolesas.

De Leopoldville fuimos trasladados al interior del país.

La ciudad de Stanleyville había sido ocupada por los rebeldes que tenían como rehenes a un grupo de monjas, sacerdotes y misioneros, entre estos se encontraba un doctor estadounidense de apellido Karzon. Esto ocurrió en diciembre de 1964

Para el rescate de estas personas y la recuperación de la ciudad enviaron a un grupo de infantería integrado por cubanos, entre ellos recuerdo que estaban el Negro Tamayo y Fotingo Silva, había muchos más, pero en realidad no recuerdo sus nombres, también remitieron unidades de paracaidistas belgas.

Ellos cumplieron satisfactoriamente la misión porque recuperaron la ciudad y a los secuestrados.

Me designaron una base que se llamaba Bunia que está en la frontera con Uganda pegado al lago Alberto, ahí estuvimos operando con los T-28.

El lugar donde más operé fue en esa base de Bunia. Recuerdo que una vez nos ordenaron a atacar un tren que estaba en territorio rebelde, por supuesto nos indicaron por donde se encontraba el objetivo.

Salimos temprano en la mañana. Volé junto al capitán Tristán García, porque por lo regular salíamos en pareja, volábamos dos aviones. Atacamos el tren con todas nuestras armas, utilizamos los cohetes y las ametralladoras y paralizamos el tren, posteriormente las unidades de tierra que estaban integradas por mercenarios fueron a terminar la operación que nosotros habíamos iniciado.

Con el tren paralizado, a las fuerzas de tierra le era mucho más fácil llegar al tren y concluir la operación.

Una tarde en el avión que yo tripulaba transporté a un agente de la Agencia Central de Inteligencia que se llama Dick Homes.

El otro avión era tripulado por Juan Tuñón, por lo regular los vuelos se hacían en parejas.

Como habrán relatado otros compañeros allí no había sistemas de navegación, ni pensar en un weather report, forecast y por supuestos que los GPS no se habían inventado todavía, en una palabra no teníamos información del tiempo y se volaba realmente de forma muy rudimentaria.

Fuimos a cumplir una misión y volábamos sobre las montañas rumbo al norte, después de un tiempo de vuelo avistamos una concentración de camiones del enemigo y un número grande de gente de infantería.

Por supuesto que no perdimos tiempo e iniciamos un fuerte ataque en su contra, no conocimos el resultado pero les atacamos con fuerza.

Después de este incidente seguimos nuestra patrulla por la región pero de pronto el tiempo se puso muy malo, quiero decirle que a veces en el trópico el tiempo se pone malo de pronto y llueve por un rato pero después aclara el cielo y no hay problemas para volar, pero en esa ocasión las cosas no ocurrieron de esa manera.

El tiempo continuó muy malo y no podíamos regresar, no teníamos manera para orientarnos y por último el combustible que nos restaba era muy poco.

Nos desorientamos, ya estaba anocheciendo y me tocó decidir, era en ese momento el líder del grupo, después de conferenciar con el otro piloto sobre la situación de que era necesario hacer un aterrizaje forzoso.

Recuerdo que le dije más o menos así, "mira de aquí no vamos para ningún lado, se nos va acabar el combustible, antes de que se nos acabe el combustible, vamos hacer un aterrizaje forzoso y nos tiraremos en la selva, porque es mejor tirarte con motores que sin motor".

Y eso fue lo que hicimos. Nos tiramos, fui el primero en aterrizar en unas condiciones muy difíciles. Elegí mi campo en el que me tiraría y él iba a hacer lo mismo, él escogería su propio punto para aterrizar, pero trataríamos de que fuera lo más cerca posible de un avión a otro.

Aterrice con mi americano detrás[81]. El aterrizaje fue difícil, chocó con la tierra y cogió candela pero aun así pensé que había habido grandes problemas en lo que se refería a daños personales, pero al salir de la nave escuché al americano en la parte de atrás del avión, del cual no había podido salir, pidiendo le ayu-

81. Agente de la CIA, Richard Holm.Fue jefe de la estación de la CIA en Paris. Participó en acciones en cubierta en China y Hong Kong,. Obra citada de Enrique Ros.

dara a salir.

El fuego había prendido en la parte de atrás de la cabina donde él se encontraba así que le ayudé a salir del avión. Ël se había quemado bastante, salimos con mucha dificultad y le aclaro que no había cesado de llover, todo lo contrario, el aguacero había arreciado y ya había oscurecido.

Tratamos de encontrar un área que nos brindara algún tipo de protección y por supuesto nuestra única alternativa era guarecernos bajo los árboles más tupidos de vegetación. En un lugar de esos pasamos aquella noche que fue bien dura.

Cuando llegó el día nos dimos cuenta que la zona no era tan boscosa como habíamos supuesto en la oscuridad, también vimos que cerca del lugar en el que nos encontrábamos había un río del cual podíamos tomar agua.

Les digo que la persona que me acompañaba estaba muy quemada, la piel le colgaba de lo achicharrada que estaba, le tuve que cortar aquellos pellejos con el cuchillo y ayudarlo a orinar porque él no podía hacerlo por sí solo. Su situación era bien difícil.

Por otra parte la vista se le había afectado bastante, estaba medio ciego como consecuencia del fuego. Al rato y con mucho trabajo por parte de él empezamos a caminar buscando un lugar más seguro, donde encontráramos más protección.

En nuestra caminata y cuando nos deteníamos sentí a los aviones nuestros buscándonos, pero en el medio de la selva no hay observador que pueda verte y tu tampoco puedes avistar a quienes te buscan desde el aire a excepción de que te encuentres en un área despejada y ese no era nuestro caso.

Al día siguiente salimos de nuevo a caminar, a buscar establecer contacto para ser rescatados, pero ya el no podía mas, estaba agotado y las quemaduras se veían cada vez peor, lo cargué, me lo eche al hombro y traté de emprender de nuevo el camino pero no era posible, pero no podía.

Le expliqué la situación, le expliqué que tenía que quedarse que yo estaba en mejores condiciones físicas y que si caminaba solo era más posible que encontrara ayuda. Le prometí que regresaría a buscarlo y que por ningún concepto lo abandonaría.

Ante esta situación él me pidió que le pegara un tiro, me dijo mue se sentía muy mal y que la mejor solución a su problema era esa. Ante ese contexto le tuve que quitar la pistola que llevaba, para evitar que se suicidara cuando yo fuera a buscar ayuda.

Lo dejé cerca de un rio que por allí cursaba para que pudiera tomar agua hasta que yo regresara, era lo más que podía hacer por aquel hombre, no tenía nada que dejarle. No quiero dejar de decirle que nosotros estábamos en territorio enemigo, aquella zona estaba ocupada por los rebeldes así que el peligro no era solo la naturaleza hostil sino el enemigo que podía estar en cualquier lugar.

Entonces inicié una caminata, después de un largo rato escuché un ruido y vi que eran tras o cuatro africanos que venían por un trillo, me escondí para ver si los podía parar y en cuanto les di el alto se echaron a correr y perdí de vista a aquellos hombres.

Seguí mi andar, caminé y caminé hasta que llegué a una aldea, en aquella aldea solo vi mujeres, esa aldea estaba aparentemente solo ocupada por mujeres.

Me arriesgué y entré a la aldea. Traté de entenderme con aquellas mujeres. Me trajeron agua y otras cosas de comer. Dije que era un cazador de elefantes italiano que se había perdido.

Un rato después empezaron a llegar los hombres de la aldea y entre ellos se encontraban los individuos que yo había tratado de detener en plena selva.

Recuerdo que entre ellos se destacaba un negro grande, tengo fotos de él, el hombre se llamaba Faustino y para suerte mía hablaba inglés, les quiero decir también que estaba en ese momento muy cerca de la frontera de Sudán y él había prendido ingles en ese país.

Su hermano tenía cierta responsabilidad en esa aérea y lo mandó a estudiar a Sudan. El me dijo que yo no era ningún cazador de elefantes que yo formaba parte de la tripulación del avión que había caído la noche anterior y ante tanta firmeza de su parte le dije que sí, que era cierto y que necesitaba la ayuda de ellos.

Tuve suerte. El hombre ni la gente del lugar estaban vinculados a los rebeldes y me respondió que sí, que iba a tratar de ayudarme en todo lo que pudiera, y en verdad que así lo hizo. Ya con más seguridad le dije donde habíamos hecho el aterrizaje forzoso y partimos rumbo a donde habíamos aterrizado.

Fuimos al otro avión que estaba entre unos árboles, no encontramos al piloto, pero sí encontramos un mapa que yo no tenía porque se me había quemado en el incendio de mi avión, al extremo de que no pude sacar ni mi ametralladora de mano, la única arma que pude extraer del avió fue una pistola de 9mm.

El avión como había caído entre unos árboles, estaba hecho pedazos, pero la cabina estaba ahí, aparentemente había sobrevivido, se llevó la ametralladora, no sé si se llevó más de un mapa, aunque uno se quedó que fue lo que me ayudó a mí, que lo haya dejado, no creo que lo dejó a propósito, pero no lo puedo decir porqué se quedó.

Por supuesto que cogí el mapa y seguimos rumbo para donde había dejado al americano herido.

Cuando llegamos lo encontramos a Homs como 15 o 20 metros de donde yo lo había dejado. Se había arrastrado alejándose del rio. Aquel hombre estaba cubierto de abejas, parecía un panal, las abejas se lo estaban comiendo.

De inmediato procedimos a quitarle las abejas, lo encontramos muy mal, de inmediato los africanos hicieron una camilla con palos y bejucos y lo transportamos a la aldea.

Estando en la aldea decidimos que en la mañana yo partiría en busca de ayuda, el lugar más cercano al nuestro que conociera se llamaba Polis y se encontraba como a unas 300 millas.

Faustino consiguió dos ayudantes más para que nos acompañaran. Uno iría delante y otro detrás , y él y yo en el centro, dejamos al americano en la aldea con las instrucciones de esconderlo en la selva, no darles nada más que frutas, esas fueron las instrucciones que se les dieron a los que estaban en la aldea.

También les dijimos que escondieran el paracaídas que habíamos traído para que lo usaran como señal para cuando nosotros regresáramos a buscar el herido, porque de seguro el rescate iba a ser en helicóptero.

Nos fuimos caminando y estuvimos caminando como una semana, otra veces e l recorrido lo hacíamos en canoa, nuestra comida era plátano, piña, huevos crudos, lo que ellos consiguieran, bebíamos el agua de los ríos, y les aseguro que no me enfermé, no me dio ni un solo dolor de barriga, no perdí ni una libra de mi peso, con lo que me alimenté me fue muy bien.

Llegamos a una posta donde nos identificamos. Nos trasladaron a Polis en camión, ese mismo día regresamos a rescatar a Homs, recuerdo que los belgas querían que fuera con ellos para que les enseñara el lugar directamente pero no lo hice así, el helicóptero en el que iban era un H21 que había dado muchos problemas y no me inspiraban ninguna confianza.

Partí en un T-28 junto al capitán Travieso, también junto a nosotros voló otro avión que era piloteado por el capitán Altoy. La gente de la aldea, cuando vieron a los aviones sacaron el paracaídas como le habíamos pedido que hicieran para facilitar la localización.

El negro Faustino con sus dos ayudantes partió en el helicóptero que intentando aterrizar le dio con un aspa a un árbol y cayó a tierra. Tuve suerte porque yo como dije antes tenía muchas dudas de la eficiencia de esos helicópteros. Los que tripulaban el helicóptero tuvieron que quedarse en el lugar a esperar que los recogieran, ninguno resultó herido, lo que ocurrió al día siguiente.

Recogimos a Homs, lo trasladamos hasta Polis donde ya se habían preparado condiciones para atenderlo adecuadamente. De Estados Unidos voló a Leopolville un C-130 con médicos y los recursos necesarios para atenderlo.

Les digo que aquel hombre cuando lo recogimos parecía un pedazo de carbón. Estaba negro de la cantidad de cosas que le habían puesto los nativos pero después nos enteramos que eso era lo que lo había salvado.

Más tarde supimos que del hospital de quemados de Texas, en aquella época era el mejor del país en quemaduras, viajó un equipo de médicos para averiguar que le habían aplicado a Homs en las quemaduras, que según le informaron eran productos que se originaban en serpientes o algo así.

Homs lamentablemente perdió la vista de un ojo, pero salvó la vida, y en realidad quedó súper bien, porque nosotros lo habíamos visto muy mal.

Mi otro compañero, el cubano que tripulaba el otro avión el capitán Juan Tuñón, Juan David Tuñón, no sobrevivió, pero sí supimos por comentarios de unos mercenarios que hablaron con misioneros del área que él estuvo refugiado en una misión después de haber contraído malaria y que con el tiempo había mejorado su salud.

Posteriormente fue atrapado por los rebeldes, se fajó con ellos hasta que pudo, y según tengo entendido, y esto lo supe hace poco tiempo porque Dick Homes fue a una reunión a Bruselas, Bélgica, con los pilotos que los rescataron a él.

A Homes le dijeron que Juan Tuñón había muerto y que había sido una muerte muy dolorosa, que cayó sirviendo a su país, en este caso a Estados Unido, pero no puedo precisar cómo murió, ni las condiciones ni el lugar, tampoco donde están sus restos.

Después de este percance donde perdí a un compañero, sufrí dos accidentes mas en África

Uno fue con un piloto colombiano de nombre Coco Morantes, fuimos a llevarle a una tropa que estaba rodeada suministro y las ruedas del avión cuando fuimos a aterrizar se nos trancaron en el barro porque la pista era de tierra, pero por suerte no nos ocurrió nada que lamentar. Llevamos muchas armas para la tropa y otras vituallas.

El otro fue con el capitán Cereceda saliendo de Stanleyville, tripulábamos también un avión C-46, pero nos precipitamos al río Congo.

Quiero concluir diciendo que el accidente nuestro fue el 17 de febrero de 1965 y el 17 de diciembre de 1964, exactamente dos meses fue derribado el capitán Fausto Gómez que también había salido de Burnia, como lo hice yo.

El capitán Gómez murió, sus restos no pudieron ser rescatados. Después, en octubre de 1965, otro piloto resultó muerto en cumplimento de la misión que le habían asignado.

Esto ocurrió en octubre de 1965. El capitán Arturo Piqué estaba en un vuelo junto a otras tres naves cuando se presentó un mal tiempo muy fuerte y a mitad de camino entre Leopoldville y Albervitlle el avión de Piqué se precipitó a tierra causándole la muerte.

Los restos de Pique sí pudieron ser rescatados. Unidades de mercenarios fueron al rescate de sus restos, le sepultaron en Leopoldville y tengo entendido que no hace mucho tiempo su familia sacó los restos del lugar y los trajo a Estados Unidos.

Jorge Enrique Bringuier.

Piloto fumigador. Trabajó en Cuba en el Instituto Nacional de Reforma Agraria como piloto. En septiembre de 1961, junto a sus compañeros Evelio Pedraza, Julio Casanova y René Cruz, se llevó dos aviones de un aeropuerto situado en Corralillos, en la zona norte de la provincia de Las Villas.

Mi contacto para poder viajar a África fue Roberto Medel, él era una especie de reclutador, yo no sabía absolutamente nada de él, era un individuo un poco misterioso.

Fui contactado a fines de 1963 para combatir el comunismo en África. Unas semanas antes habían empezado a reclutar aquí en Estados Unidos combatientes para enfrentar el comunismo en África Central, específicamente en la República del Congo.

Me entrenaron en el aeropuerto en un AT-6 y un avión Cessna 172. El entrenamiento duró aproximadamente un mes, concluido nos enviaron para El Congo.

Fui con David Tuñón, a él lo mataron.

Mi llegada al Congo, específicamente a Leopoldville, fue el 26 o 27 de Diciembre del 1964. Fui recibido por muchos amigos, algunos eran pilotos militares y otros habían sido pilotos de fumigación como yo.

En el Congo recibimos más entrenamiento. Nos entrenaron volando aviones T-28. Recuerdo que me entrenó un piloto de la marina estadounidense de nombre Bob, el jefe de la base se llamaba Jack Anderson.

Yo no me recuerdo bien porque la cosa allí estaba en candela como se dice en Cuba, pero unos días después nos mandaron para diferentes bases.

A Tuñón junto a un grupo de pilotos lo mandaron para Pauli y a mí para Quinia, una base cerca de la frontera con Sudán.

En la base de Pauli, estaba situado René Travieso, un amigo mío que había sido en La Habana jefe del aeropuerto de Columbia[82]. Él fue quien me recomendó para esta operación.

Cambié con Tuñón y me fui para la base de Pauli donde estaba mi amigo.

Les cuento una anécdota personal. Recién llegado a África me dijeron que volara un T28 sobre el aeropuerto de Leopodville. Recuerdo que debía subir más de 15000 pies para probar el avión y los subí, solo tenía en aquel entonces 21 años.

El día estaba tranquilo, y le dije a la torre que volaría sobre el río Congo, que divide a los dos países, había un espacio entre las dos orillas de unos siete kilómetros.

Tan grande es ese espacio que hay una isla en medio del rio, como para impresionar hice una acrobacia y me tiré en una picada tan profunda que faltó poco para que me estrellara, pero eso no fue lo único malo sino que por poco aterrizó en un aeropuerto enemigo donde tenían varias ametralladoras cuatro bocas emplazadas. Por poco me mandan para Miami con un sello en la cabeza.

No sucedió nada en particular. No me dispararon desde la otra orilla pero pueden creer que un día estando aquí en Puerto Rico, muchos años después, un individuo que estaba en mi oficina vio el mapa del Congo y una bandera de ese país y me preguntó si yo era piloto y que si había estado en el Congo, no recuerdo el nombre del tipo, le respondí afirmativamente pero lo curioso era que él había visto mi acrobacia, el tipo había estado en el Congo también, pero del lado del enemigo, del lado de los comunistas.

Un detalle importante es que cuando tu vuelas sobre las áreas que te señalan es muy difícil ver a las personas que están en tierra. Ellos son alertados por los motores de los aviones y rápidamente buscan refugio.

Muchas de las operaciones que realizábamos eran de reconocimiento. Ubicar a los rebeldes y en particular los puntos donde tuvieran concentrados sus pertrechos militares.

Esas operaciones se realizaban de la manera siguiente. Recibíamos información de inteligencia desde tierra, los datos sobre

---

82. El principal establecimiento militar cubano. Estaba cerca de La Habana y empezó a ser desmantelado en la década del 60.

el lugar en el que se encontraban los rebeldes nos eran remitidos por microondas, después de recibir la información nos enviaban a patrullar la zona en cuestión y nosotros debíamos reportar todo lo que hubiéramos visto durante el vuelo.

Regularmente volábamos a unos dos mil o tres mil pies de altura, en dependencia si era montañosa, selvática o si volábamos sobre una carretera, por lo regular cuando los rebeldes escuchaban los aviones corrían en busca de refugio y nosotros los atacábamos con las ametralladoras.

El lago Tanganica corre de norte a sur y de este a oeste. Nosotros estábamos situados en la parte suroeste del lago, casi al centro del lago, esto estaba cerca de Albertville. En esa zona teníamos 4 aviones T-28 y dos B-26.

Las guerrillas recibían todos los recursos bélicos, comida y medicamentos de Tanzania, aclaro que la mayoría de estos artículos provenían de Cuba.

Desde Tanzania se transportaban todos los recursos para los guerrilleros por carretera hasta la orilla del lago, donde en ocasiones eran recogidos por un barco grande que se dedicaba supuestamente a la pesca, ya viejo, que transportaba las vituallas hasta el centro del lago Tanganica donde las traspasaban para las lanchas pequeñas que operaba el enemigo.

Quiero decir que el enemigo tenía una torpedera, pero el barco en el que transportaban los materiales era de un griego cuya mujer, María Elvirin había muerto en Stanleyville, ella era de origen persa.

El barco griego le prestaba servicios a los comunistas, nosotros nunca atacamos este barco.

En una ocasión salimos cuatro T-28, dos irían hacia el Norte y los otros dos volarían rumbo sur a coincidir al regreso en el centro del lago.

Íbamos por el centro del lago cuando nos encontramos varias lanchas que empezaron a tirotearnos a lo que nosotros respondimos con celeridad. Recuerdo que hundimos varias lanchas, en esa época todavía estaba el grupo de la marina cubana operando en el lago.

En otras ocasiones cuando las tropas de tierra estaban de operaciones o simplemente explorando una zona nos llamaban para prestar algún tipo de apoyo. Ellos como dije antes se escondían cuando escuchaban los aviones pero después salían cuando uno iba de pasada y nos tiroteaban.

Fueron varios los ataques de ese tipo que realizamos. Nuestra primera obligación era cubrirlos desde el aire, por eso cuando estábamos volando el enemigo se escondía aunque también disparaban contra los aviones.

Recuerdo una vez el ya difunto, Javier Cros Quintana, era el líder del grupo me dijo que disparara a mi derecha y que él lo haría a la izquierda y que cuando saliera uno de disparar debía entrar el otro, una técnica ya expuesta por otros compañeros, me encontraba en esa actividad cuando veo desde el avión a un individuo negro corriendo por medio de la carretera con un short color carne, el tipo se quedó tieso mirando el avión y no le dispare, no podía hacerlo, y cuando regrese y me preguntaron porque no le había tirado dije bien claro que no podía hacerlo porque él no estaba disparando en mi contra.

Uno de los ataque grandes que nosotros realizamos fue en el área de Pilbut, una zona montañosa al norte de Albertville, allí estaban ubicadas tropas cubanas comunistas. Aquella gente nos tiró con todo lo que tenían, el avión que yo tripulaba fue impactado como siete u ocho veces.

Atacamos ese lugar con todos nuestros recursos, con todo lo que teníamos.

Peleamos duro en África, y puedo asegurar que esa guerra sí la ganamos, pero molesta que de los cubanos que fuimos a allí no se diga nada. No sé por qué, ignoro lo que motiva el silencio pero nosotros fuimos voluntariamente a pelear a ese país, le aseguro que a mí nadie me obligó a ir.

Capítulo IV

Cubanos combatiendo el castro comunismo en Angola.

En 1978 un grupo de cubanos mayoritariamente integrado por antiguos combatientes de la Brigada 2506, constituyen el Comando Militar 2506 para apoyar a las fuerzas que en Angola enfrentaban al comunismo.

El grupo fue dirigido por las siguientes personas. Manuel Artime, delegado político, Miguel M Álvarez, delegado militar y Pedro B. Encinosa, Juan Evelio Pou y Eli B. Cesar. También participaron Oscar Alfonso Carol como jefe de operaciones y René García[83].

Los contactos de los cubanos se establecen con Jeremías Chitundi, Georges Sagumba y el comandante Antonio Bembo, estos pertenecía a la facción de UNITA y las relaciones con el FNLA se establecieron directamente con su líder Holden Roberto.

---

83. Enrique Ros. La aventura africana de Fidel Castro.

Miguel Alvares Gimeno.
Miembro de la Brigada 2506. Fue presidente de la Brigada y uno de los fundadores del Comando Militar 2506.

Nuestra presencia en Angola es consecuencia de nuestros anhelos de luchar contra el comunismo en Cuba o en cualquier otro país.

Teníamos habilidades y el valor para enfrentar al enemigo que estaba destruyendo a nuestra patria y cuyo régimen había causado la muerte de muchos de nuestros compañeros.

Varios cubanos, pilotos en particular, pero también hombres de la marina e infantería habían luchado contra el comunismo en El Congo, y uno de los pilotos que había participado en aquel conflicto nos plantea que él tiene buenas conexiones con Holden Roberto uno de los lideres angolanos contrario al comunismo. En esos momentos había varios pilotos cubanos volando en Zaire, en el Congo.

En Angola se estaba produciendo un fuerte enfrentamiento militar pero también político, todo aquello ocurrió en el entramado de la Guerra Fría.

El gobierno de los Castro estaba metido hasta el tope en Angola apoyando a Agostinho Neto que era comunista. Tenía todo tipo de armas en ese país pero también tropas que servían en diferentes armas.

Había otro guerrillero contrario a los comunista que se llamaba Jonas Sabimbi, él operaba en el sur del país, mientras Holden Roberto tenía su ejército al norte, cerca de la República de Zaire.

Roberto estaba apoyado por los servicios de inteligencia de Francia, mientras que los de Estados Unidos apoyaban a Sabimbi y Cuba y Rusia que nunca escatimaron recursos u hombres en su asistencia a los comunistas angolanos dirigidos por Neto. Era una guerra de muchos intereses.

La intención, al menos eso creíamos nosotros de los países

occidentales era preparar un ejército fuerte y poderoso que desarrollaría un movimiento de oposición que pudiera impedir el triunfo del comunismo y en particular del comunismo que representaba la dictadura cubana, porque era el gobierno de Cuba, y eso hay que tenerlo muy presente, el único de los países involucrados en el conflicto que tenía sus propias tropas peleando en territorio angolano.

Frente a esa situación, nosotros desarrollamos todo un proyecto, porque era la oportunidad de poder enfrentar directamente a las fuerzas castristas y golpear las ambiciones del comunismo internacional.

En aquellos momentos el régimen totalitario cubano mantenía una inmensa presencia militar dentro de Angola.

Nosotros nos organizamos en el marco de nuestras posibilidades, y fuimos a Angola a combatir la expansión comunista y también con el objetivo de que militares cubanos con los que pudiéramos hacer contacto desertaran.

Con esos objetivos miembros de la Brigada 2506 nos pusimos de acuerdo y organizamos un grupo de combate que se alistó para volar a Angola, dar entrenamiento, en fin prestar nuestra experiencia y conocimiento para enfrentar al comunismo como demandaran las circunstancias.

A través de Manuel Artime que había sido uno de los líderes de la expedición a Cuba de la Brigada 2506, contactamos con el gobierno de Nicaragua para que nos prestara apoyo en la misión que nos habíamos impuesto.

El general Anastasio Somoza nos quiso ayudar mucho, al igual que el presidente. El general Somoza ordenó que nos facilitaran el apoyo que fuera necesario.

Nos concedió una pequeña base área donde podíamos prepararnos y a la vez poder traer personal para ese lugar si se hacía necesario. También nos facilitó un avión para satisfacer nuestras necesidades de transporte.

Le estoy hablando de 1978. En esa época yo era presidente de la Brigada, pero no quisimos involucrar directamente la Asociación y por eso creamos el Comando Militar 2506.

Llegamos a tener alrededor de doscientos hombres dispuestos para prestar todo tipo de colaboración, de ellos un número importante habían sido miembros de la Brigada.

Para que pudieran viajar sin problemas se corrieron todos los trámites, desde las vacunas que exigían hasta pasaportes, pasajes y otros documentos que pudieran ser necesarios.

Yo estaba a cargo del proyecto y pendiente de los diferentes aspectos de la operación para que nuestros planes tuvieran la mayor efectividad posible.

En la parte militar de la operación el responsable era Miguel Alfonso Carol, otros de los que participaron en este proyecto fueron Pedro Encinosa, René García y Leonardo Dinovich, también estaba con nosotros el periodista Ariel Remos[84].

La entrada a África la hicimos por vía aérea, entramos al territorio angolano desde Kinshasa y en vehículos que nos facilitaron. Atravesamos el territorio del Congo por las partes menos pobladas, no nos acercamos a ninguna ciudad para evitar ser detectados, por los lugares más poblados que transitábamos eran por pequeñas aldeas que creo tuvieran nombres. Recuerdo que cruzamos el río por el norte para entrar en territorio angoleño.

Al llegar de inmediato sostuvimos una reunión con los altos mandos del Frente y suscribimos un acuerdo de cooperación. El acuerdo fue firmado por la parte nuestra por el que te habla, en condición de Presidente de la Asociación de la Brigada que era en ese momento, pero también como jefe del recién creado Comando Militar 2506, por los angoleños el documento fue firmado por Holden Roberto y el comandante Camango.

Después de correr esos trámites que regulaban nuestra colaboración empezamos a preparar una serie de acciones, ya que estábamos autorizados a participar en cualquier operación militar que ellos organizaran.

Nos pusieron unos trescientos hombres a nuestro mando, pero

---

84. Destacado periodista cubano. Abogado. Activista internación al a favor de la democracia en Cuba. Autor de varios libros y por muchos años fue miembro de la Junta Directiva del Diario de Las Américas.

en realidad teníamos varias limitaciones y posiblemente la más importante de todas y en consecuencia la que más nos limitaba, era el idioma, ya que como sabes allí se hablan dialectos o el portugués, muy pocos de ellos hablaban español.

Pero nosotros fuimos a sus campamentos, nos adentramos dentro de su territorio de operaciones que estaban ubicados al interior de Angola, estando en esos campamentos participamos en algunas operaciones militares.

Cualquiera de las operaciones en la que participamos demandaban un gran esfuerzo porque el territorio era realmente hostil, me refiero a la naturaleza, a eso hay que sumarle el problema de la comida y el agua, esta última era otro verdadero problema, porque se podía uno enfermar seriamente con mucha facilidad.

Nuestro grupo tenía los equipos y pertrechos necesarios. Estábamos bien organizados, quiero destacar que varios pilotos de la Brigada 2506 se incorporaron a la operación, aunque algunos de ellos no pudieron participar por situaciones ajenas a nuestra voluntad y a la de ellos, pero quiero mencionar el nombre de algunos de los pilotos que viajaron a África para enfrentar el comunismo: Jorge Bringuier, Amado Castillo, Eduardo Barea, Gastón Bernal, Reynaldo Blanco, Amado Cantillo, Rafael García, Castor Cereseda, Freddy Frequet y entre otros más, Raúl Tros.

Este grupo aéreo radicado en Miami tenía proyectado operar a través de Gabón. Ellos transportaban todo tipo de avituallamiento incluida el agua, que como te decía era muy importante para nosotros.

En algunos viajes podíamos sacar del país café que se vendía en el exterior, eso lo hacíamos para compensar los gastos que eran muchos y todos corrían de parte nuestra.

Recuerdo que una de las operaciones que hicimos fue contra una instalación donde estaban destacadas tropas del gobierno de Cuba.

El ataque fue dirigido por nosotros y ejecutado por la tropa angoleña que nos acompañaban, en ese ataque logramos destruir seis avionetas enemigas que eran usadas por las fuerzas castristas para desde el aire localizar a los insurgentes.

Otro lugar en el que planificamos operaciones fue en el territorio de Cabinda. Esa es una zona petrolera donde operaban compañías norteamericanas que paradójicamente eran protegidas por fuerzas cubanas.

Ese era uno de nuestros objetivos pero no pudimos cumplirlo, como otros que habíamos ideado, porque en eso en Estados Unidos se aprobó la Enmienda Clark[85] en la que se prohibía todo tipo de ayuda a los factores involucrados en la Guerra de Angola. Te confieso que eso destruyó nuestro proyecto de colaboración con los angoleños y tuvimos que abandonar ese país.

En Angola llegaron a operar aproximadamente doscientos ochenta cubanos del exilio, pero lo hacíamos en grupos de veinte a veinte y cinco efectivos. Los relevos se producían aproximadamente cada dos meses.

En total nuestra presencia en Angola duró unos ocho meses, durante ese tiempo solo me ausente del terreno de operaciones en dos oportunidades que salí en misión al exterior y te repito, se terminó todo cuando la Enmienda Clark fue aprobada, porque aunque la operación era independiente, los servicios de inteligencia de Estados Unidos y el gobierno, tenían conocimiento de nuestras actividades.

En una ocasión se nos presentó un serio problema con uno de nuestros compañeros.

Pedro Encinosa, miembro de la Brigada 2506 y un compañero extraordinario, sufrió un ataque al corazón. Allí no teníamos medios de transporte motorizado, ni otros recursos, y tuvimos que sacarlo a "lomo de negro" como se decía en lenguaje popular.

Debo repetir como una lección histórica que toda esa operación de África la hicimos prácticamente solos, ni el gobierno de

---

85. El senador Dick Clark propuso en 1975 una legislación que prohibía el envió de ayuda norteamericana a cualquier facción de la guerra civil que estaba teniendo lugar en Angola. La enmienda fue aprobada en diciembre de ese año. El presidente Gerald Ford no pudo continuar la ayuda a los sectores que combatían al comunismo. Enrique Ros. La Aventura Africana de Fidel Castro.

EUA, ni ningún otro, salvo el gobierno de Nicaragua, nos dio ayuda.

Lo poco que logramos fue con nuestros propios esfuerzos, la ayuda de muchos cubanos y amigos, gracias a ellos recolectamos todo lo que fue necesario para llevar a cabo el proyecto de luchar contra el comunismo internacional y en particular contra las tropas del régimen totalitario cubano que operaban abiertamente en Angola, pero con la intención de extenderse a toda África.

El gobierno norteamericano solo nos prestó un apoyo parcial para nuestra salida de Angola.

Si nosotros hubiéramos contado con más armas y avituallamiento, nuestro trabajo habría sido más efectivo, pero no lo obtuvimos, los únicos que nos dieron alguna ayuda en armas y pertrechos fue la Surete[86] francesa.

En una ocasión estuve en París junto con Carol para una entrevista con funcionarios franceses, aquello fue decepcionante, aparentemente los tipos no estaban realmente interesados y en poco tiempo nos abandonaron.

En otra ocasión viajé a Inglaterra para sostener una entrevista con una persona muy importante del gobierno de ese país, el contacto lo facilitó Ariel Remos, pero también fue un fracaso.

Estando en Londres hicimos contactos con un grupo del gobierno de Israel pero todo fue en vano, estos últimos solo buscaban obtener información y ventajas para ellos. En sí, ningunos nos ayudó, nos abandonaron.

También es cierto y no debo pasar por alto ese aspecto que Holden Roberto, el máximo dirigente del FLN era un individuo, una de sus hermanas era una de las esposas de Mobuto, el gobernante del Zaire en aquellos momentos, no era un dirigente realmente comprometido con la lucha contra el comunismo en su país un cien por ciento.

Recuerdo que Holden Roberto llegaba de vez en cuando al campamento en el que nos encontrábamos, entregaba alguna ayuda y se iba enseguida. No era un hombre comprometido como

---

86. Servicio de inteligencia francés.

lo demostró toda su vida, otro líder angolano, Jonas Sabimbi.

Todo esto costó mucho dinero, muchos esfuerzos para reunir a los hombres y los recursos materiales de todo tipo que la operación demandaba. La logística también era complicada y costosa, el avión, los documentos, los pasajes, etc.

Todo eso fue posible lo repito mil veces al respaldo material que nos brindaron muchos cubanos, firmas comerciales que nos apoyaron, también nos ayudaron otros ciudadanos, pero fue el respaldo de Somoza el que hizo posible que se pudiera cumplir esa operación a miles de kilómetros de Miami donde residía, la mayor parte de los hombres que nos involucramos en ese proceso.

Nosotros fuimos a pelear a Angola sin ningún apoyo de Estados Unidos, nuestro compromiso, como te he dicho antes, era enfrentar al comunismo internacional, pero fueron los propios gobernantes de este país los que cerraron esa puerta, obstaculizaron la misión, tuvimos que salir escondidos para que no nos mataran, en eso si nos ayudaron, para salir de Angola.

Eduardo Barea.

Capitán piloto de Expresos Aéreos Interamericano. Miembro de la Brigada 2506. Oficial de la Fuerza Aérea de Estados Unidos.

No pude participar en la guerra de El Congo porque cuando tuvo lugar yo estaba prestando servicio en la Fuerza Aérea de Estados Unidos.

Cuando terminé mi servicio y de regreso a Estados Unidos, pasé a ser un oficial en la reserva, eso fue por 1976 y fue cuando me involucre en una operación que se iba a realizar en Angola, pero que según instrucciones, los que íbamos a participar en esa operación teníamos que pasar por Gabón que había sido una posesión de Francia.

Como todos conocemos el gobierno cubano estaba metido de cabeza en Angola con su ejército regular apoyando la facción que dirigía Agostinho Neto, un líder africano de la extrema izquierda.

Contra Neto había otros dos líderes africanos que también habían luchado por la independencia de Angola de Portugal, Holden Roberto que dirigía el Frente de Liberación Nacional y Jonás Sabimbi que comandaba un grupo que se llamaba UNITAS.

Holden Roberto contaba con el apoyo de los servicios de inteligencia de Francia y a Sabimbi lo apoyaba la CIA, ambos líderes, aunque combatían al MPLA de Neto y a los soldados castro comunistas, tenían serias diferencias personales que hacían muy difícil que lucharan juntos.

Cuando aquello tuvo lugar tenía contacto directo con la Brigada 2506 que había firmado un convenio para asistir a Holden Roberto en la guerra, los documentos en cuestión fueron firmados en la misma zona de combate, pero aclaro que no participé en la firma de los mismos.

Posterior a estos acuerdos y como parte de los mismos, se combinó enviar un cargamento de armas a las fuerzas de Holden Roberto.

Viajé a Francia junto a mi compañero el capitán Gastón Bernal. En París la embajada de Gabón nos entregaría las visas para los pasaportes. Permanecimos en Paris como quince días, enfrentando una situación económica difícil porque apenas teníamos recursos. Recuerdo que visité los museos de la Fuerza Aérea, lo único que hicimos.

Nuestra misión consistía en volar un avión DC-4 en el que transportaríamos armas para el sur de Angola, pero le aclaro que nunca vimos el avión y menos las armas.

Recuerdo que cuando nos dieron el permiso viajamos a Marsella y de ahí a Gabón, una vez en el país uno de los pilotos que iba con nosotros, Gastón Bernal tuvo problemas con sus papeles porque no tenía pasaporte regular, sino un reentre pemit[87] donde habían puesto la visa, pero el funcionario no quería darle la entrada porque no reconocía el documento y determino que permaneciera preso.

Ahí tuvimos una fuerte discusión y le dijimos al funcionario que si Gastón no salía, nosotros tampoco. Éramos cuatro, el jefe de la operación era René García, era él quien tenía los contactos con la inteligencia francesa, también estaban los capitanes Gustavo Ponzoa, Oscar Carol y por supuesto Gastón, que lo mencioné.

Decidí permanecer con Gastón en el lugar que lo recluyeron, mientras el resto de los compañeros harían las gestiones para la liberación de Bernal.

Recuerdo que me situaron en un lugar con un centinela que portaba una ametralladora, mientras Gastón sí estaba encerrado con los presos. A eso de las tres de la mañana trajeron a Gastón para donde yo estaba y los carceleros empezaron a desnudar a los prisioneros y aplicarles chorros de agua a presión y darles golpes. Aquello fue algo brutal.

La suerte fue que en la mañana cuando el presidente se levantó porque estaba en una fiesta, dio la orden de que Gastón

---

87. Documento de viaje que facilita el gobierno de Estados Unidos a los que residen en el país y no son ciudadanos y no tienen acceso a pasaportes de sus países de origen.

fuera liberado y por lo que nos pudimos reunir en el hotel en el que habíamos reservado las habitaciones.

En resumen no pudimos cumplir nuestra misión y posteriormente nos enteramos que habían tramado un complot en contra nuestra, en el que estaban implicados agentes cubanos y personas que supuestamente eran nuestros contactos en Gabón.

Gastón Bernal ya era un hombre de mucha experiencia, era el mayor de todos nosotros, y se percató que había algo raro en aquella trama y decidió regresar a Miami, a mí me dijeron que hiciera lo mismo pero le dije a René García, que ya yo me había despedido de mi familia y que no lo haría de nuevo, salvo que la misión se diera por terminada y que si estábamos corto de dinero tenía menos sentido todavía que regresara a Miami para después tener que volver a comprar pasajes.

Después que les dije eso se fueron, yo estaba dispuesto a permanecer en ese país hasta que ellos regresaran con los equipos, pero no quería que mi familia y yo volviéramos a pasar por el mal rato de la separación.

Después que le digo todo esto a René me puse a colocar todas mis cosas en el closet de la habitación, en fin las mismas cosas que todos hacemos cuando llegamos a un lugar donde suponemos que vamos a estar por un tiempo, pero terminando de hacer eso se paró en la puerta Oscar Carol y me dice " Oye, dice René que tienes que venir con nosotros que no te puedes quedar" así que a pesar de mi insistencia, no me quedó otra alternativa que empacar de nuevo para regresar a Miami.

Cuando llegué a Miami me dijeron que no contestara el teléfono y que no saliera fuera de la casa, lo que cumplí por un mes. Pasado ese tiempo me dijeron de nuevo que preparara condiciones que partiría para mi destino anterior.

En ese momento ya la visa de Gabón que tenía estaba vencida y tuve que volar a Washington para que la embajada de ese país me la otorgara otra vez. Después de varias peripecias me la volvieron a estampar en el pasaporte, en esta ocasión volaría hasta Bruselas, Bélgica, donde me esperaba el capitán René García.

Al otro día cuando me disponía ir para el aeropuerto recibí

una llamada de Miguel Álvarez en la que me decía que todo estaba cancelado y que regresara otra vez a Miami.

Jorge Bringuier.

Tuve una pequeña participación en el conflicto de Angola. Recuerdo que en una ocasión le llevamos armas a Jonás Sabimbi.

Fue algo sencillo, volamos un C-46 cargado de armas, habíamos partido de Kinshasa, aterrizamos en Punia, pasamos por el lago Alberta y aterrizamos en territorio angoleño donde bajamos todos los paquetes y bultos que contenían armas para los insurgentes.

Gastón Francisco Bernal.

Yo estuve involucrado en un grupo que se organizó para ayudar a los rebeldes anticomunistas de Angola.

De Europa viajamos a un país que se llama Gabón, de donde iríamos para Angola, y fue en el aeropuerto mismo cuando empezaron los problemas.

El único del grupo de cubanos, pilotos todos, que no tenía pasaporte americano era yo, estaba volando con un reentri permit, así que cuando llegue a emigración y entrego el documento de viaje el funcionario se sorprendió y me detuvo.

El hombre decía que no conocía ese documento y que señalaba que mi nacionalidad era cubana, me decía que yo no podía estar en su país, no sé qué le pasó al hombre pero me mandó a detener y pasé toda la noche en un calabozo con un número de incidentes realmente grandes.

Recuerdo que me metieron en un calabozo donde había unas cuantas personas. Aquella gente se pasaba todo el tiempo peleando. Uno de ellos le partió la cabeza a otro con una chancleta de palo.

Al otro día me liberaron pero la situación en general en ese país era muy confusa. No había garantías de ningún tipo y decidimos regresar para Estados Unidos. Por desgracia tuvimos que abortar la misión.

Dr. Manuel Alzugaray.

Medico ortopédico. Luchó en Cuba en la clandestinidad contra el régimen de los Castro. Posteriormente se inscribió como voluntario en las Fuerzas Armadas de Estados Unidos con el propósito de luchar contra el régimen castrista.

El Miami Medical Team, se fundó a principios de los años 80, cuando empezaron las luchas de los Contra para enfrentar el control comunista en Nicaragua.

Ya habían transcurrido 20 años del triunfo del castrismo en Cuba, estábamos en el 1979, y como los comunistas lo primero que logran después de encarcelar y atropellar es que muchos ciudadanos abandonen el país en poco tiempo a Miami empezaron a llegar muchos nicaragüenses.

Algunos de ellos hicieron contacto con nosotros y de nuevo nos comprometimos. Les ofrecimos ayuda local en Miami pero cuando nos informaron que en el país se estaban produciendo enfrentamientos porque había una resistencia activa no perdimos tiempo y le empezamos a mandar medicinas y otros útiles sanitarios, hasta que un día en el año 1983 se nos brindó un lugar en el cual podíamos prestar nuestra asistencia profesional a los heridos.

Aunque nuestra colaboración directa se había iniciado en 1981, el primer viaje lo dimos en 1983 y el último en el año 1990. Recuerdo que nuestro primer contacto fue el comandante Juan Carlos.

Pero vamos para nuestra participación en Angola que es el tema del trabajo que están ustedes realizando en este momento.

En el año 1987 empezamos a hacer contacto con Marcos Samondo, el representante de la Unión para la Liberación Nacional de Angola en Estados Unidos, con oficinas en Nueva York.

UNITA era el grupo que con más éxitos y esfuerzos estaba enfrentado la invasión castrista y soviética a ese país africano.

El doctor Samondo que radicaba en Washington y en Nueva

York, sabía lo que el Miami Medical Team estaba realizando en Nicaragua, organizó un viaje nuestro a Angola y nosotros por nuestra parte preparamos las condiciones que requería la misión que íbamos a cumplir.

Nuestro primer viaje a Angola fue en 1987. Entramos al país por su región sur, donde se encontraba la capital de la resistencia que se llamaba Jamba, Jamba quiere decir elefante.

En ese lugar teníamos varios centros hospitalarios. Nosotros prestamos nuestros servicios en dos o tres de ellos que por supuesto estaban situados en la retaguardia. Allí operábamos, quiero decir que este servicio que prestamos a los angolanos que resultaban herido en los combates los alternábamos con los que hacíamos a Nicaragua, que como ustedes saben fueron conflictos bélicos que coincidieron en el tiempo y en los cuales estaban involucrados los castristas.

El Team realizó varios viajes al Congo. En ese país permanecíamos más días que en Nicaragua, por lo regular se extendía a dos o tres semanas.

Al año íbamos a Angola dos o tres veces. Todos los que participamos en esas operaciones teníamos que hacer grandes sacrificios económicos y familiares.

Cuando estábamos en Miami seguíamos trabajando en nuestras profesiones, en mi caso en particular y me pongo como ejemplo, pero fue igual para el resto de mis compañeros, yo no dejaba de atender mi oficina y de operar a mis pacientes.

Para Angola enviábamos en contendores vía marítima, ropas, una gran cantidad de suministro de hospitales, incluidos equipos y medicinas. Aproximadamente cada dos meses enviábamos un contendor de 40 pies cada uno, de esta tarea tan importante se encargaba Ricardo Madan[88].

Se enviaba desde Jacksonville a Durban, Sudáfrica, de allí seguía ruta hacia Namibia hasta entrar a territorio angolano ocupado por la UNITA, esto era el resultado de las conexiones establecidas con la dirigencia de ese movimiento, en particular con

---

88. Miami Medical Team. Ángel De Fana.2012

Jonas Savimbi

Recuerdo que a la ruta le pusimos el nombre de "Puente Marítimo Tofi-Babún" en memoria de un compañero quien ayudó mucho al Miami Medical Team.

El primer viaje estuvo compuesto por pocos médicos los doctores Alexis Abril, Carlos Moa, el enfermero Enrique Bassa, Mario Roque de Escobar y la periodista The Miami Herald, MIrta Ojito. También viajé en ese grupo.

En una reunión con dirigentes angolanos fuimos informados que tropas de UNITAS y civiles habían sido gaseados por efectivos castristas que operaban en Angola, situación que fue ampliamente documentada por el doctor Luis Reina, especializado en Neurología[89].

Estuvimos operando por ese lugar hasta finales del año 1988, y les repito cada dos meses por allí entraba a la resistencia un contenedor de 40 pies completamente cargado.

Quiero contarles una anécdota. En una ocasión un grupo de nosotros estábamos realizando una operación, serían las nueve o diez de la noche, cuando se oyó una fortísima explosión.

Pensamos que nos estaban tirando con morteros, que el enemigo estaba cerca y que la situación se había puesto particularmente peligrosa.

Pero a los pocos minutos vinieron a informarnos que no había de que preocuparse, que la explosión era consecuencia de un incidente.

Cuando salimos vimos lo que había ocurrido. Un elefante había pisado una mina antitanque[90] y la explosión lo había destrozado. Era algo penoso, los pedazos de elefantes estaban diseminados por todo aquel lugar.

Sin dudas que pasamos en principio un buen susto pero después lo acontecido nos dio risa a todos, no obstante quiero que

---

89. Miami Medical Team. Ángel De Fana.2012.
90. El gobierno de Cuba a pesar de la campaña internacional contra las minas anti personas o anticarro defiende su producción. El general de Brigada, Luis Pérez Rispidez plantea que las minas antipersonales son el arma de los pobres. Haciendo Historia. Editora Política. Habana 2000.

sepan que el africano quiere y respeta muchos a los animales y lo sucedido al animal fue para la población como una especie de tragedia. Aquellas personas sienten veneración por los elefantes, tanto las mujeres como los niños y hombres.

Cuando se iniciaron las conversaciones entre las partes involucradas en el conflicto de Angola, el gobierno de Cuba pidió que los cubanos de Miami cesaran en su asistencia a las fuerzas que comandaba Sabimbi.

Dr. Samondo contactó con nosotros y apreciamos que con mucha pena nos informaba sobre la demanda del régimen cubano, por supuesto que le respondimos que cumpliríamos con su decisión y que no regresaríamos a Angola de nuevo para prestar nuestros servicios, pero que si no lo veía mal podíamos seguir remitiendo el contenedor con la carga habitual por el puente marítimo Tofí-Babún.

Quiero aclarar que el Miami Medical Tean es una organización voluntaria y que nosotros costeábamos todos nuestros viajes y la estancia en los lugares a los que íbamos a prestar nuestros servicios.

Los equipos que llevábamos los comprábamos o los conseguíamos donados por los hospitales.

Ir a estos lugares no era salir de vacaciones. Los grupos no eran grandes. Había que ir en grupos pequeños, cinco o seis profesionales. El trabajo era muy duro porque teníamos que atender muchos casos, en su mayoría con grandes problemas, en poco tiempo y nunca en condiciones óptimas.

DIARIO LAS AMERICAS

MIAMI, FLA., DOMINGO 4 DE JUNIO DE 197?

Continúa Grupo Cubano su Ayuda a Rebeldes en Angola

Por ARIEL REMOS

Hace escasamente 2 meses, un grupo de cubanos exiliados integrantes del Comando Militar 2506, sorprendió a la opinión pública mundial al trasladarse a Angola, país en el que suscribió determinados compromisos con el Frente Nacional de Liberación de Angola (FNLA) que preside el líder angolés Holden Roberto y que constituye una de las dos fuerzas que están combatiendo todavía a la facción de Agustinho Neto, quien usurpó el poder en Angola valiéndose de tropas soviético-cubanas.

Las razones que dieron los miembros del Comando 2506 para acudir a un frente lejano y contraer esos compromisos, cobran actualidad ante los acontecimientos que se suceden en torno a la intervención soviético-cubana en Africa y específicamente en la invasión y la matanza de Shaba, en Zaire, territorio del que fueron expulsados los grupos atacantes por efectivos combinados franco-belgas.

Preguntamos a Miguel M. Alvarez, dirigente del Comando 2506 y Presidente de la Brigada de Asalto 2506, que ha dado pleno respaldo a las gestiones realizadas por aquél en Angola, si los últimos acontecimientos han afectado en alguna forma los compromisos contraídos entre el Comando 2506 y el FNLA.

—Solamente para hacerlos más actuales y justificar que no estábamos mal encaminados cuando, en nuestra lucha por la liberación de Cuba, escogimos el camino de Africa. Este continente es hoy lo que previmos hace alrededor de dos años, esto es, un escenario en el que puede variar la suerte de la lucha por la liberación de nuestra patria y contra el comunismo— responde Alvarez.

Al preguntarle si ha materializado el Comando 2506 algunos de los compromisos contraídos con el FNLA, Miguel M. Alvarez

expresa que "estamos trabajando muy activa pero muy calladamente. En estos casos el silencio es mejor aliado que la propaganda. Lo que sí puedo decirle es que estamos muy contentos con lo que hemos hecho hasta ahora y con lo que se hará. La ayuda material y psicológica que prometimos será materializada y los resultados serán la respuesta concreta a su pregunta".

¿Considera Ud., que la ayuda al FNL es una vía de la lucha por la liberación de Cuba?

—Absolutamente, responde Alvarez. Con nuestra colaboración con los

MIGUEL M. ALVAREZ

guerrilleros angoleses estamos ayudando a una lucha similar a la nuestra y ligada a ella por la presencia de soldados cubanos financiados y avituallados por Moscú. El compromiso de Cuba roja con el Kremlin es tan grande que un descalabro de las tropas cubanas en Angola o en cualquier parte de Africa, sería un rudo golpe a Cuba y al imperialismo que estamos combatiendo. De todos es sabido que las circunstancias han obligado a que los exiliados cambien su estrategia. Y la que estamos poniendo en práctica es la correcta.

¿Cree Ud., que resultaría inapropiado que en algún momento estuvieran exiliados cubanos en el campo de la lucha en Africa?

—Si tal fuera el caso —dice Miguel M. Alvarez— estaría plenamente justificado. La lucha por la libertad es un legítimo derecho del hombre y esa es la que representa la lucha de los exiliados cubanos. Luego, la presencia de exiliados cubanos en Africa —en caso de que sucediera— sería bien vista y celebrada por todos los que aspiran a que reine la libertad en el mundo. La que nunca podrá estar justificada es la de tropas de Cuba comunista contratadas por la URSS, para implantar en Africa una dictadura totalitaria. Y Alvarez agrega: "Es una tesis peregrina, o extraña, pensar en algún momento que la presencia de exiliados cubanos en Africa justificaría la intervención de Fidel Castro en ese continente. Eso no lo puede justificar nada ni nadie, mientras que —repito— la presencia de combatientes por la libertad debe tener los parabienes de todo el mundo en todo momento".

¿Han hecho contacto con el FNLA otros exiliados ajenos al Comando 2506?

—Los compromisos del Comando 2506 y el FNLA prevén que todos los contactos con éste tienen que ser por conducto nuestro. Somos los únicos autorizados, además, a ofrecer declaraciones políticas o militares en relación con el FNLA y la lucha que está librando contra los comunistas en Angola— responde Alvarez.

¿Ha recibido el Comando 2506 la cooperación de organizaciones del exilio?

—La mayoría de las organizaciones con verdadera militancia ha respondido presente y está cooperando también en silencio a los planes del Comando.—

¿Algo más que decir?

Si. Un mensaje de esperanza a nuestro pueblo. Las dificultades son muchas, entre ellas la oposición sistemática de factores dedicados a torpedear todo esfuerzo prometedor. Pero no existen obstáculos insalvables cuando están comprometidos el honor y la voluntad de servir una causa justa que ha costado tantas vidas, sangre y sufrimientos..."

Pedro Corzo

160

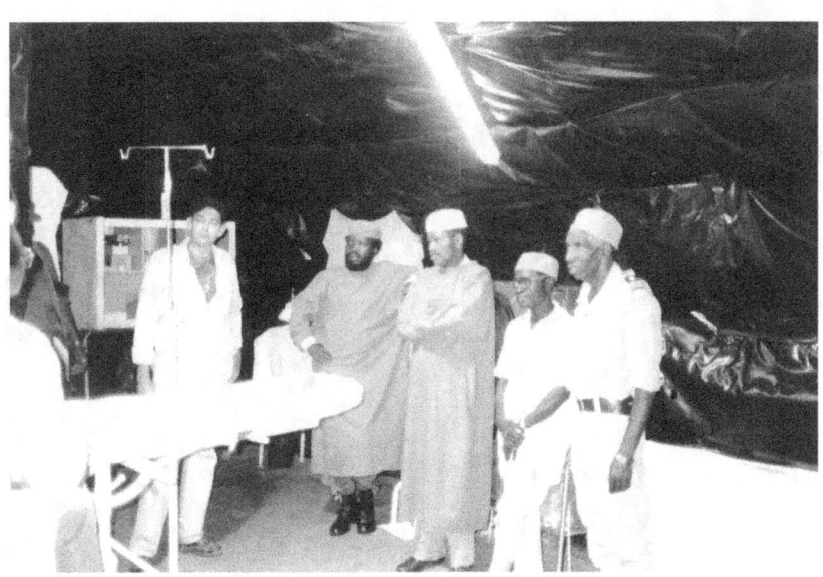

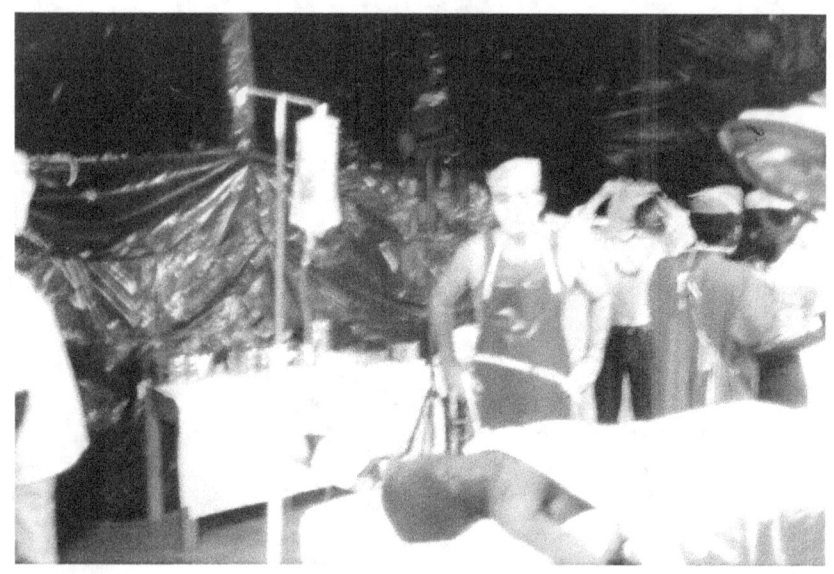

Epílogo

Un libro, para ser UN LIBRO, al menos debe informarnos algo meritorio y mejor aún alimentar nuestro intelecto con ejemplos o enseñanzas trascendentales que enaltezcan nuestra condición humana. El autor de este LIBRO posee el mérito indiscutible de haber puesto ante nuestros ojos una epopeya ignorada, la cual contiene el paradigma que urgentemente tiene que aplicar la civilización occidental, si no quiere convertirse muy pronto en un fósil histórico.

Cuando nos preguntamos las razones del avance intempestivo del control geopolítico de los regímenes totalitarios y de sus aliados circunstanciales, las teocracias orientales, la respuesta es sencilla y contundente: su solidaridad. Mientras todos ellos integran el clan mundial del terror, comprometidos a ultranza a mantenerse mutuamente en el poder, nosotros somos los avestruces de la libertad. Somos inconmovibles, y muchas veces insensibles, a la tragedia que nuestros semejantes padecen cuando son víctimas de las pirañas terroristas. Pueblo tras pueblo es abandonado al azar como las vacas más débiles que sacrifican los gauchos para cruzar ilesos los ríos suramericanos.

En un mundo global, donde predominan los intereses macroeconómicos, los beneficiados de las interrelaciones comerciales con nuestros encarnizados enemigos se convierten en sus cómplices. Esos que venden su alma al diablo son los mayores responsables del letargo que impide una acción solidaria y redentora que salve al mundo libre. Su miseria humana será el carpintero de su propio ataúd.

La lucha totalitaria y la teocrática, ambas terroristas, están enfocadas en obtener paraísos imaginarios para hombres ideales de papel y tinta; sus metas están encadenadas. Los hombres reales, que disfrutamos y sufrimos la miel y el acíbar de la vida, vemos en la libertad y el progreso el clima indispensable del único paraíso terrenal posible. Pero estamos tan aferrados a nosotros mismos que nos hemos convertido en eslabones al pairo en el océano de nuestras satisfacciones.

Afortunadamente nuestro apóstol, José Martí, tenía razón cuando decía que hay hombres que tienen el decoro que les falta a los demás. Pero hacen falta más ingredientes que el decoro para defender con la pasión de un libertador el destino de la raza humana. Valor personal, desprendimiento material, convicciones sin fronteras y SOLIDARIDAD son algunos de esos ingredientes.

Todo esto y mucho más tuvieron un grupo de cubanos que voluntariamente se enrolaron en la CIA para combatir al comunismo en cualquier lugar del mundo. El Congo Belga, considerado por muchos en aquellos tiempos como el lugar más recóndito y peligroso del planeta, fue su destino. Una pesadilla de jungla, fieras y caníbales los recibió; y también los peores depredadores: Los Seres Humanos. Pero los sueños del deber cumplido son más poderosos que todas las pesadillas.

El sueño se cumplió y este grupo de héroes logró contener y hacer retroceder a las tropas imperialistas castro comunistas al mando del asesino Ernesto Guevara, campeón de los retrocesos y de las derrotas guerrilleras. Pero no sólo fue en El Congo donde la sangre solidaria, idealista y generosa, de los cubanos exiliados abonó la causa de la libertad, sus frutos democráticos germinaron en muchos países del continente negro. Este grupo de patriotas cubanos pusieron al servicio de la libertad sus vidas y así cambiaron el destino de África y tal vez... del mundo.

Este libro ha contraído, sin esperarlo, una deuda de honor. El autor, y El Instituto de la Memoria Histórica Cubana contra el Totalitarismo, ahora no pueden eludir la responsabilidad de informar del sacrificio similar de todos aquellos cubanos que fueron fieles al compromiso de la libertad en el continente americano y en el resto del mundo.

Pero lo más relevante de todos estos hombres es su condición humana, reflejada en actos y diálogos con los negros y los colonialistas blancos. También lo demostraron en nuestra América India y en todos los rincones del mundo. Eran verdaderos "freedom fighters", defensores consecuentes e íntegros del mundo libre. En este documento sobran las anécdotas que demuestran su antirracismo, su oposición al colonialismo, su respaldo al derecho de los negros a su tierra, su especial amor y defensa de los niños negros, su amistad y camaradería con las tribus vernáculas; y el concepto claro y preciso de los límites del poder que les brindaba un respaldo militar prepotente. Ellos son el ejemplo vivo de que la libertad no tiene piel ni uniforme.

Ellos demostraron lo que pudiera lograr el mundo libre con sólo una migaja de solidaridad. La magnitud de su esfuerzo cambio límites geográficos y trágicos destinos históricos. No hay como retribuir el sacrificio trascendental de su lucha libertaria, ni ellos lo esperaban en sus décadas de anonimato. Pero hoy, ante las tumbas sin tumbas de los que allí cayeron, les entregamos una pequeña recompensa de lo que ellos se ganaron; un tesoro que nadie les podrá robar: la estatua inmortal de UN LIBRO.

Ramiro Gómez Barrueco.

Pedro Corzo

Bibliografía

Ernesto Che Guevara. Mito y Realidad. Enrique Ross. Ediciones Universal 2002.

Cubanos Combatientes: Peleando en distintos frentes. Enrique Ros. Ediciones Universal. 1998.

La Aventura Africana de Fidel Castro. Enrique Ros. Ediciones Universal.1999

Guerras Africanas de Cuba. Pablo J. Hernández González. San Juan I have Puerrto Rico.2009

Miami Medical Team. Protagonistas de un Ideal. Angel De Fana. 2012.

UNITA. Identity of a Free Angola. Unita.1985

Las Relaciones Cubano-Soviéticas. 1959-1968. Blanca Torres Ramírez. Colegio de Mexico.1971.

Memorias de un Soldado Cubano. Dariel Alarcón Ramírez . "Benigno". Fabula Tusquet. 1997

Los vínculos Ruso-Cubanos. Soviéticos Cubanos. Academia de Ciencia de la URRS.Academia de Ciencias de Cuba. 1989.

Victoria al Sur de Angola.... Pedro Eddy Campos Perales. Editorial Verde Olivo 2006.

Angola. Fin del Mito de los Mercenarios. Raúl Valdez Vivó. Editorial Ciencias Sociales.1978.

La Política Norteamericana para el África Meridional. Carmen González. Editorial Ciencias Sociales 1986.

Angola. Saeta al Norte. Jorge Raúl Fernández Marrero y José Ángel García Blanco. Editorial Letras Cubanas. 2005.

The Angola War. Arthur Jay Klighoffer. West view Press. 1980

Angola. Mito y realidad de su colonización. Gerald J. Bender. Siglo XXI. 1980.

Haciendo Historia. Editora Política. La Habana 2000

De la Sierra del Escambray al Congo. Víctor Dreke. Path-finder.2002

La Política Exterior de la Cuba Socialista. Editorial Progreso.1982